JN316496

昔話と絵本

石井正己 編

三弥井書店

Contents

昔話と絵本

第二部　昔話と絵本に寄せて

巻頭言

六角時計の話

池内　紀

田舎の古い家には六角形の柱時計があった。下の函《はこ》にガラスの開き戸がついていて、鈍い金色の振子が揺れていた。文字盤にはⅠ、Ⅱ、Ⅲのローマ数字が中心に頭をそろえてるかたちで並んでいた。

幼いころ、なぜⅤが五時なのかわからなかった。Ⅹが十時なのが不思議だった。ⅦやⅧは窮屈そうだし、Ⅻから急にⅠにかわるのがヘンテコでならなかった。

その一方で子ども心に、時計の文字が時間をあらわしているような気がした。昼休みに校庭で走りまわっているとき、それはⅫそのものの賑わいだった。ひとたび一時のベルが鳴ると、みんないっせいにいなくなって、校庭の隅の鉄棒だけがポツンと残されている。それはまさにⅠの形そのものだった。

Ⅴがどうして五時なのか、いぜんとしてナゾめいていたが、しかし、夕方というのは実際ナゾめいた時間だった。なぜかむやみにさびしくなって、地の底に落ちこむような気がする。誰かと遊びたいが、みんなちりぢりばらばらだった。不可解なⅤの時間に、うす闇の中で時計だけがチクタクと動いていた。

家族そろって夕食のあとは、たしかにⅦやⅧのようにくっつき合って何やかやしていた。くっつき合っていると時間もまた早く過ぎていくようで、あっというまにX時になり床につかなくてはならない。時計がいたずらをして、くっつき合ったところを一足とびにすっとばしたとしか思えない。

その柱時計の文字盤には、数字のほかに二つの穴があった。ネジを巻くときの鍵穴だが、はなれて見ると角ばった顔の二つの黒い目玉に見えた。父のいない家だったので、ネジを巻くのは兄の役目だった。踏み台に上がってネジを巻く。ネジを巻くには力がいるので、誰かが踏み台をおさえていなくてはならない。それが弟の役目だった。

おりおり力を入れすぎて時計がズレることがあった。振子時計はまっすぐにかかっていないと止まってしまう。ズレを直すのは簡単だった。時計はもう長いこと柱にかかっていたので、古びた柱に時計のあとがくっきりとついていた。ズレると函の下から柱のあとが顔を出す。その顔が見えなくなるように修正すればいい。

簡単であるが、しかし、やはり難しいのだ。右にズレたのをもどそうとして左に動かすと、動かしすぎて、こんどは左にズレる。それを正そうとすると、こんどはまた右にズレてしまう。正しいかどうかは少しはなれて見ないとわからない。検分は弟の役割で、兄が両手でわずかずつ据え直すのに、「もう少し」とか「いきすぎ、いきすぎ」とか声をかける。慎重に正さなくてはならず、慎重にしようとすればするほど力が入り、「ガタリ」と音がして大きくズレてしまうのだった。

ネジは真鍮《しんちゆう》製で黄土色をしていて、ヒヤリと冷たく、手にのせるとけっこう重かった。二つの花のつぼみのような半円がついていて、これを握ってネジを巻く。長いこと使ってきたので握りのところが白っぽく変色していた。先端をネジ穴に入れ、左の穴は右まわり、右の穴は左まわりに巻く。なぜ二つが逆まわりなのかわからなかったが、とにかくそうやって巻くとゼンマイがバネになり、その力で針と振子が動く。どうもそのようだった。左手で時計をおさえ、右手でネジを巻くとき、手だけでなく全身の力が必要で、足にも力が入り、そのため踏み台をおさえる者がいなくてはならないのだ。

ネジがギリギリと巻かれていく間、弟には上が気になったが、顔を上げると手がおろそかになって、おさえる役目が果たせない。踏み台を抱くようにしておさえながら、上目づかいにながめていた。時計にとってはゼンマイが心臓であって、それをネジがしめつける。自分の心臓がしめつけられているようで胸苦しくなってくる。父は心臓発作で死んだと聞かされていた。ゼンマイがほどけるか、切れたのだろうと考えた。

ネジを巻き終わっても、時計はまだ動かない。振子にはずみをつけてやる。最初の一揺れは時計にはできないからだ。

そっと指で振子にはずみをつける。とたんにチクタクと動き出した。古い田舎の家に乾いた音がしみるように流れていく。しばらく二人して息をつめるようにながめていた。というのは動き出しても動きつづけるとはかぎらない。ほんの少しでもズレていると、チクタクがそのうちチクとなってタクがこない。振子が一定の幅で揺れないとチクタクの音にならない。チクタ——チク——チ——。振子は小さく動いても音はせず、無音の世界にもどってしまう。そのときはまた両手を計測器にして修正作業をしなくてはならない。

学校に出かけるとき、柱時計の六角の顔がいかめしく見えた。黒い二つの目をとがらせ、門番のように見張っている。せき立てているようでもある。

「いってきまーす！」

六角の見張りに声をかけて駆け出した。

学校からもどってくると、柱の時計はノンビリした顔をしていた。半ねむりのようで、振子の動きにつれて右に左にと首を動かしているようでもある。時を告げる前にチクタクが一瞬とまり、それから「ボーンボーン」と間のびした音を立てた。鳴り終わると短く「ジー」とゼンマイの音がして、それから再びチクタクが始まった。

ネジ巻きに苦労したわりに、あまり正確ではないのだった。いつのまにか五分、十分と遅れてくる。そんなときは振子の下のネジで調整する。ネジをまわして振子を上にあげると、そのぶん振れる回数が早くなって遅れない。たとえ調整しても、すぐには正しく動いているかどうかわからない。一日か二日して、やっと調整の効果がわかる。

調整しすぎて、早くすすみすぎることもあった。また踏み台にのぼり、ネジをゆるめる。こんどは一日に十分も遅れたりする。またネジをしめると、反対に二十分も早くなる。時計が意地悪をしているようだった。

どんどん進むのが早くなり、一時間、二時間とくるいだし、つもりつもって二十四時間すすんだとすると、その一日分はどうなるのだろう？　どこに消えてしまうのか？

幼い頭で考えたがわからなかった。イギリスにグリニッチ時計というのがあって、それが世界中の時計の基準になるとおそわった。グリニッチ時計は一秒といえどもくるわない。一秒の半分の、そのまた半分の、そのまた半分もくるわない。無数の歯車が休みなくまわっていて、こまかい目盛りの針を動かしている。

いわれるとそんなふうに思えたが、するとさらにわからなくなるのだった。一つの針が一秒の半分をすすむ前に、さらにこまかい針が半分の半分をすすむだろう。そのまた半分をすすむ針がなくてはならず、もっとこまかい半分となって、どこまでも半分がつづいた。とすると、針は少しもすすまないことになるのではなかろうか？

大人になって「ゼノンの矢」のことを知った。ゼノンという古代ギリシアの数学者が立てた命題で、「射られた矢は静止している」というのだった。弓から放たれた矢はまっしぐらに進んでいるにせよ、一定の空間を飛ぶにあたり、その空間内の半分を飛ぶためには、まずその半分の半分を飛ばねばならず、半分の半分を飛ぶためには半分の半分の半分を飛ぶ必要があり……。つまるところ射られた矢は永遠の半分のなかで少しも前にすすまず、じっと静止している。

古代ギリシアの数学者がどうしてそんなことを思いついたのかは知らないが、「ゼノンの命題」を知ったとき、私は即座に幼いころの六角時計を思い出し、さらにグリニッチ時計を考えた。わが家の古時計とちがってグリニッチ時計は正確に時を刻むかもしれないが、しかしグリニッチの時計もまた「永遠の半分」の中で静止している。整然と動き、かつ微動だにしない無数の歯車があるばかり――。

父のいない貧しい家には本というものがほとんどなかったが、踏み台のおさえ役はいつも柱時計と対話してしていた。六角頭のその働き者は孤独な少年に、古い家にまつわるいろんな話をしてくれた。

たしかにいつも遅れたりすすんだりしていたが、それでさして支障はなかった。貧しい一家には家族それぞれに一日の役割があり、それは朝に始まって夜に終わる。その中で誰もが自分の時を知っており、生活のルールとリズムが、ゆるやかな時をきざんでいた。ときおり柱を見上げて確認するだけでよかった。

そんなとき、柱の六角頭の見張り役は満足そうにうなずき、少しオクターブを上げて時を告げた。

第一部

遠野昔話ゼミナール

（二〇〇八年一一月二九日・三〇日、岩手県遠野市にて）

前列左から、菊池栄子、成田キヌヨ、正部家ミヤ、岩崎京子、中川文子、菊池玉、後列左から、前川敬子、石井正己、佐々木文子、山賀洋子、太田宣子、千田栄子、奥友チヨ、三浦文代

昔話絵本の国・日本

石井正己
正部家ミヤ

一　「語り」と「絵本」の伝統を持つ国

石井　この遠野は、もう四〇年近く前から、「民話のふるさと」ということで活動してきて、今や囲炉裏端でミヤさんが語れば、あ、遠野だなと、全国の方々が見てくださるような場所になりました。この前にあります図書館・博物館を作ったり、土淵《つちぶち》の佐々木喜善《きぜん》のふるさとである所に伝承園を作ったり、来内川《らいないがわ》の向こうに柳翁宿を移築して昔話村を作ったり、さらには早《はや》池峰山《ちねさん》の麓の附馬牛《つきもうし》に曲り家を移築したふるさと村を作ったりして、さまざまな文化施設・観光施設を整えてきました。

　それだけではなくて、そこに語り部がいて、「むがし、あったずもな」「どんどはれ」という語りを披露してきたわけです。家庭の中にはテレビや、最近ではインターネットが入ってきて、もう昔話なんか古くていらないと言われて、久しい。子育ては便利なものにゆだねてしまおうとすれば、いくらでもできる時代を迎えたのです。けれども、親子の関係が希薄になり、地域の連帯が弱くなってしまったことは明らかです。そういう状況で、ひょっとしたら昔話というのは大事なものではないかというふうに、みなさんが気づきはじめているのではないかと思うのです。

　遠野は、その間、観光に力を入れ、このゼミナールの意義もあって、最近では教育にも関心を持ち、昔話がなくならないように、これを宝物として大事にしていきたいと考えはじめたわけです。もちろん、『遠野物語』の語り手だった佐々木喜善がいて、その後、遠野に暮らして、昔話を熱心に集めました。大の大人が昔話に熱中してと、みんなから冷ややかに見られていたようですけれども、彼が残した資料というのは、遠野の財産などということを越えて、日本においてたいへん貴重な遺産になっています。年が経てば経つほど、その価値が高くなっていくように、私などは思っています。

　一方、今、全国でふつふつと動いているのが、児童館、図書館、幼稚園、保育園といったさまざまな場所で、昔話を語り聞かせよう、読み聞かせようという運動です。ここにお出でになる方々も、そういう活動をしている方がたくさんいらっしゃると思います。佐々木喜善のみならず、ここにいる多くの方が昔話に憑《つ》かれてしまった人ではないか（笑い）と思いますけれども、昔話というのは魔物ですね。

そういう活動をしていく中で、読み聞かせ語り聞かせにおいては、絵本や紙芝居というのが、とても重要な道具になっているということがあります。遠野のように、昔話が伝えられてきていない都会なんかには、受け継いできた財産がありませんから、語りを始めるにしても、一から勉強しなければいけないという現実があります。そういったときに、絵本や紙芝居は、まず取り組むことができる大きな拠り所になるわけです。今回、昔話ゼミナールの三回目のテーマとして、「絵本」というのを持ってきましたが、これは遠野にとっては衝撃的なことであるはずです。語りが豊かにある遠野になぜ絵本なのかという問いかけを改めてしてみたい、そう思っていただいてもよろしいかと思います。

この日本という国は、室町時代の御伽草子、江戸時代の赤本、そして明治になってからもさまざまな絵本が書かれてきたという歴史を顧みるならば、世界に誇る昔話絵本大国であることがわかります。つまり、「語り」と「絵本」というものをそれぞれ大切に共存させながら、長い間、昔話を大切にしてきた国だということになります。そうであるならば、この遠野の人たちも、この歴史をもう少し見直して、自分たちの財産にしていったらどうかと考えているのです。わざわざ遠野でこのテーマを扱う背景には重い認識があってのことですので、この二日間はそういうことをよく考えた学びの場にできればいいなと思います。

二　岩崎京子さんの『かさこじぞう』

石井　今日は、岩崎京子さんが記念講演をしてくださるということで、遠野にとっても、お集まりの方々にとっても、記念すべきひとときになるだろうと思います。そこで、この講演の入口として、岩崎さんの『かさこじぞう』という、昭和四二年（一九六七）にポプラ社から出た絵本を取り上げてみます。その後、多くの教科書に採択されて、二年生の定番教材になっていますから、日本中の子どもたちが読んできた作品だということになります。この中にも読まれたり、勉強されたりした方がたくさんいると思います。

昭和四二年というのは、日本が高度経済成長期に入って、ますます豊かになっていくという実感があった時期です。ところが、岩崎さんが再話した『かさこじぞう』は、こんなふうに始まります。

むかしむかし、あるところに、じいさまと　ばあさまが　ありましたと。

たいそう　びんぼうで、その　日　その　日をやっと　くらして　おりました。

豊かになっていく日本の中にあって、貧乏な家庭が登場する。戦後の貧しさから脱却したという時期に、こうした話を教科書に採択することについて、政治家から強い批判があったと聞きます。今は格差社会と言われ、さらに経済危機が深まっていて、将来はどうなるのかという不安の中を生きています。けれども、この話は、貧乏でありながらも、心豊かに生きている人たちには必ず幸せがある、という夢をきちんと与えてくれるのです。さりげなく、そういう生き方を教えてくれる作品でもあったわけです。

　ある　としの　おおみそか、じいさまは　ためいきを　ついて　いいました。
「ああ、その　へんまで　おしょうがつさんが
ござっしゃると　いうに、もちこの　よういも
できんのう。」
「ほんにのう。」

年神様を「おしょうがつさん」と、とても親しい感じで呼んでいます。神様を迎えるハレの食事として、餅の用意が大切だったのです。今も鏡餅を供えて、お雑煮を食べる家庭がほとんどだと思います。絵は新井五郎さんが描いたものですけれども、お爺さんとお婆さんは、つぎはぎをした着物を着ています。お爺さんは横座に座っていますが、お婆さんは薪をくべるために木尻に座っています。

その後、お爺さんは菅笠を編んで、市に売りに行きますけれど、全然売れずに帰ってくる。途中で、雪を被った六地蔵が野原に立っているので、「おお、おきのどくにな。さぞ　つめたかろうのう」と言って雪を払い、売れなかった笠と自分の被っていた手拭を被せます。家に帰ると、お爺さんはお婆さんに、「それがさっぱり　うれんでのう」「おら、かさこ　かぶせてきた」と話します。私の家なんかですと、妻がいますけど、「何で売ってこなかったの！　もう一回出直していらっしゃい」と、叱られるはずです（笑い）。

これが普通の家庭なんですけれども、このお婆さんは、「おお、それは　ええことを　しなすった」と言って、賛同するんですね。人間の優しさの極地です。この『かさこじぞう』は家に帰って、妻にももう一度よく読ませないといけませんね（笑い）。

そして、「やれ　やれ、とうとう、もちこ　なしのとしこしだ。そんなら　ひとつ、もちつきの　まねごとでも　しようかのう」、そう言って、お爺さんとお婆さんは、餅を搗《つ》き、あい取りをする真似をします。挿絵では、左上に、囲炉裏端でお爺さんとお婆さんが真似ごとをし、右下に、幻の餅搗きの風景をぼやっと描いています。

そうすると、真夜中にかけ声が聞こえてきますが、その声は長者どんの屋敷の方に行きません。岩崎さんは、長者どんの屋敷というのを置いて、貧乏な家と長者の家というのがあることを表しています。まさに、格差社会ですね。だけれども、幸せは長者の家ではなくて、お爺さんお婆さんの家にやってくるわけです。

何か、ずっさんと重い物を置いていったので、見ると地蔵たちが米の餅、粟《あわ》の餅などを置いていって、それでよいお正月を迎えることができたというのです。「隣の爺」型の話を知っていると、これはでき過ぎた話だと見られなくもないのですけれども、貧しくても心豊かな人々には、神様仏様がお恵みを下さって幸せになれるというのは、一つの思想ではないかと思いますね。今、こういう経済危機の情況であるからこそ、この『かさこじぞう』は輝きを増すのではないでしょうか。私などはそんなふうに思います。

三　正部家ミヤさんの「笠っこ地蔵」の話

石井　では、一緒に舞台に上がっていらっしゃる正部家さんから、絵本ではなく、語りの「笠地蔵」を披露していただきたいと思います。これは、お父さんの菊池力松さんから聞いた話ですね。

正部家　みなさん、ほんとによくお出んした。最近もね、いっぱいいろんなことがあって、とっても忙しがったのす。だから、先生のお話、聞く閑もなかったすね、先生、いきなり振ってくっから、何しゃべれって言われるかって、ぶるぶるってらったの（笑い）。

私、昔はこれでもね、お嬢さんの時《どぎ》もあったのよ。今も、自分ではそう思ってるんだけど、市役所の戸籍が悪いの。今年の敬老会に行って戸籍見だらば、八六歳になってらったの。私もびっくりしてね、それで八六歳に見えるようにって、着る物もしゃりむり地味なのをこしぇで着て来たのよ。そして、今日、何しゃべらせられんべがなと思ったっけ、「笠っこ地蔵」しゃべろだって。うで、私、その本読んでませんのでね、父から聞いだようにしゃべるので、聞いでください。私、立ったり座ったりするの、大嫌いなのす。立てば大きくなるけどね、座ったまんまでお許しください。

むがーし、あったずもな。あるどごに、とっても仲《なが》のいい、爺《じ》ど婆《ば》どいだったど。ただ、いっつも銭《じぇに》っこねくてばり苦労してらったずもな。ある年の正月だずが、

「明日正月来るんだが、婆、なんじょしたらよがんべ。餅っこばりも、お供えっこばりも搗《つ》であげてもんだが、なじょにしたらえがんべな」

って、相談してらったど。そしたどごろ、婆、

「そうだらば、笠っこ拵《こ》しぇだもの、なんぼがあるがら、これでも持ってって売っておでれ」

ってしゃべったずもな。爺様、

「そだそだ、そだらば、俺、町《まつ》ちゃ持ってって売って、帰《けえ》りにゃ、糯米《もちごめ》っこだの、酒っこだの、魚っこ買って来《く》っからよ」

って、背負《しょ》ってったずもな。

そしたどころ、なにもかにもその日、吹雪《ふぶぎ》だったど。なーんぼ売りに歩いたって、だーれも人っこ通ってながったずもな。それでも、

「笠っこ、いらねますか。笠っこ、いらねますか」

って歩ったど。誰も買ってけながったんだど。爺様も寒ぐはなるし、暗ぐはなるし、これりゃ、とってもわがんね（駄目だ）、家《え》さ行がねばねど思ったんだど。なんじょにもされねがら、その笠っこ背負って来たずもな。

そしたどごろぁ、そこさ地蔵様立ってらったど。すっかり雪被って寒そうだったど。なーんたら、地蔵様だづ、寒そうだなと思って、雪っこ払ってけでいだったずが、あ、そだそだ、俺、笠っこ持ってらったな、この笠っこでもえがら被せでいく気して被せだったど。そしたら爺の持ってら笠っこ五つしかながったんだど。なんとしても一つ足んねがったずもな。なじょにしたらえがんべなど思ったどぎ、われ被ってら笠っこ、ああそだそだ、ここに一づあったったど思って、それを六地蔵様だづさ被せだったんだど。ああ、これで、なんぼ地蔵様だづだって、雪っこばりも当たらねごったど思って、だらば、

「あとで（ああ尊い）あとで、いい年越せるように」

って拝んで行ったずもな。

家《え》さ行ってがら、

「婆、婆」

って言ったど。婆様、正月支度して来《く》っこったど思って待ってらったずもな。そごさ爺様、ぽろっと入ってらったど。

「婆、婆、今日は、何もかも雪降って寒《さ》みがら、誰も人出はって来ねえでよ。笠っこ、一向売れねがった」

ってしゃべったど。したっけ、婆様、

「よーがよーが。まんず入《へ》ってげ、寒がったべたっけ」

「ほんだがらよ、途中《とじゅう》まで来たどごろぁ、地蔵様だづ寒そうに雪っこ被ってらがら、その地蔵様だづさ、笠っこ一っつずつ被しぇで来た。一づ足りねえがら、俺のやづも取って被せで来た」

ってしゃべったんだど。したっけ、婆様、喜んだど。

「なーんたら、おめえ、年取りがらええごどしたんべ。ほで、地蔵様だづ喜《よろご》んでらんだ。まんず入《へ》ってがんせ入《へ》ってがんせ。んだら、あるもんで年取りするべし」って、あるもの集《あつ》めて、爺と婆どして仲良《なかよ》く食って、年取りしたんだど。

　そして、

「まんず年取りもしたがら」

っつので、二人仲良く寝でらずもな。そして、いいあんべ経ったどごろぁ、なんだかたいして賑やがな音《おど》っこしたったど。

「よいしょ、どっこい。よいしょ、どっこい」

つ音したったずもな。はて、この音っこなんだべなど思ったど。そしてだんだんに聞いたどごろぁ、その声、だんだんに近くなったったんだど。まさか、俺家《おらえ》さ来たごってねがべ、俺家さ来るごってねがんべど思ったどごろぁ、爺のどごろの庭さ入《へ》ってがら、

「よいしょ、どっこい。それきた」

って、どっすーんって、何か置いた音したんだど。

　それがら婆様、

「爺《じー》、爺《じー》、起ぎで見でげえ。何が俺の縁こさ置いでったよったが、起ぎで見ろ」

ってしゃべったんだど。爺様、

「そだって、こんたな吹雪のどぎ、誰も来ねんだじぇ」

ったど。

「そだって、音っこしたから起ぎで見でげ」

ったど。爺様、起ぎで見だんだど。そしたどごろぁ、そこさ米だの糯米だの、粳米《うるごめ》だの、それごそ味噌っこだの、いっぺあったんだど。誰こんなごどしたんべど思って見だどごろぁ、そこに足跡っこいっぺえあったったずもな、ぺっこな（小さな）足跡っこあったったど。それ見で、まさがあの地蔵様だづ持ってきてけだ（くれた）ごってねべなど思って、婆様起ごして、その足跡っこたどって行ったど。

　そしたっけ、すっかりその六地蔵様のどごろさ行って、足跡消《け》えてらったったど。ああ、六地蔵様だづぁ、ろくな年も取れねど思って、おらだち助けてけだったんだと思ったんだど。

「ありがてえ、ありがてえ。ありがとうござんした」

って来て、爺と婆どして、その地蔵様だづがらいただいた酒っこで御神酒《おみき》っこ飲んで、貰《もら》った米っこで、白いまんま（御飯）煮で、お餅っこ搗いで、正月のやり直ししたんだど。だから、ええことすれば、やっぱりええごどが酬《むく》いられてくるんだどさ。どんどはれ（拍手）。

　おらえの家も、両親と子ども七人あったのよ。私たち七人兄弟姉妹《きょうだい》だったのね。それで年寄りがなかったために、生活はあまりよくなかったの。だけれども幸せなことには、わが家はね、笑い声の絶えない家だったの。家は貧しくても、私たちは貧しさを感じたことはないのよ。やっぱり、そういう両親から育てられたということはね、私たちは、みな感謝しながら育ちま

した。六地蔵の話でした。

石井　足跡をたどるというのは、遠野の話だと、田植えを手伝ったオクナイサマの話なんかと影響関係があるんでしょうね。『かさこじぞう』で、岩崎さんは「なんと美しい心のもちぬしでしょう」と書かれ、新井五郎さんも、「無類の好人物ふたりがかもしだす、人間味のあたたかさと、心の洗われるような美しさ」と書かれています。私はたくさんの絵本を見てきましたけれど、この『かさこじぞう』は、日本の昔話絵本の最高傑作ではないかと思います。

　佐々木喜善もこの話に注目して、江刺郡の人首《ひとかべ》から来た浅倉利蔵という人が語った、「石地蔵に恩をおくられたと謂《い》ふ話」を、大正一一年（一九二二）の『江刺郡昔話』に載せています。ひょっとしたら、日本で最初にきちんと地方に伝わった「笠地蔵」を紹介したのは、これだったかも知れません。この話では、苧枷《おがせ》を売りにいく男と笠売りの男が品物を交換して、それから笠を被せるという、やや複雑な話になっています。おもしろいのは、そのまま笠や苧枷を持って帰ると、家で非難される心配があるという心理が見えることです。それは夫婦関係の心の揺らぎが生まれていることを示します。そうした心理を語るのも、昔話の一つの重点化と言っていいでしょう。

四　江戸から戦前までの「桃太郎」

石井　また、先ほど、日本は昔話絵本の国だと言いましたけれども、次に江戸時代の赤本の『再板桃太郎昔語』を上げておきました。江戸時代の都市では火鉢を囲んで、「むかしあつたとさ、爺は山へくさかりに」と、「桃太郎」を語った様子が出てきます。地方では囲炉裏ですけれど、都会では火鉢を囲んで語っていたことがこの絵からわかります（本書第二部扉の挿絵）。

　次の場面から実際の話に入り、「ぢゞはやまへ　くさかりに」とあります。一般には柴刈りですが、飼い葉や肥料にする草を刈るのでしょう。柴と言えば、山に生える雑木で、燃料にするわけです。「山へ柴刈りに」と言うと、子どもたちはゴルフ場の芝を想像してしまうそうで、シバという言葉が同じ音なので、誤解しやすいのです。

　けれども、先ほどの絵にありましたように、かつては囲炉裏や竈《かまど》に薪をくべ、暖房をとったり、炊事をしたりしたわけです。それがだんだん火鉢になり、炬燵《こたつ》になり、今はなんと床暖房というふうになっている家もあるのではないかと思います。お爺さんが山へ草や柴を刈りに行くというのは、里山と結ばれた実際の暮らしだったのですが、もう現実感はなくなっています。

　一方、お婆さんは川へ洗濯に行きます。遠野辺りだと「カド」という小川の一角で、野菜を洗ったり、洗濯したりしました。お婆さんが洗濯をしていると、桃が流れてきます。お婆さんは、「もうひとつ　ながれ

てこい　じゞに　しんじよ」と言います。「もうひとつ」とあるのは、この時、お婆さんは、まず桃一個を食べちゃったからです。実際にそういう語りもあるんですけれども、自分で食べちゃったので、心苦しさからそう言うのです（二三頁参照）。

実は、江戸時代の「桃太郎」は、桃を食べたお爺さんお婆さんが若返って、今で言うとイケメンのようになって、それで子どもを生んで、生まれた子どもが桃太郎となるのです。これを「回春型」と呼ぶ人もいますが、桃から生まれるのではない冒頭を持っています。ですから、桃から、桃を食べちゃうということは大事な要件で、そうしないと若返ることができなかったわけです。

お婆さんは川で洗濯しましたが、今では洗濯は電気洗濯機に任せて、乾燥機までついています。お爺さんは山へ草や柴を刈りに行き、お婆さんは川へ洗濯に行くという風景は、ずっと昔のものになってしまいました。けれども、遠野辺りでは、ついこの間までこれに近い生活をしていて、昔話の世界は絵空事ではなく、実際に生きていたのです。こうして山と川の恵みを受けながら、人々が、今で言えばエコな生活をしてきたわけで、それは日本の原風景として記憶することができると思うのです。

『再板桃太郎昔語』の後半では、桃太郎は鬼ヶ島に鬼退治に行って、鬼を征伐するところが出てきます。鬼が謝って、猫足膳には、隠れ蓑、隠れ笠、打出の小槌が載っています（二一五頁参照）。かつての宝物は、着ると姿が見えなくなる隠れ蓑や隠れ笠、何でも希望するものが出てくる打出の小槌だったわけです。一寸法師が鬼を退治した後に残されるのも同じものでしたが、彼は打出の小槌で大きくなります。

傑作なのは、この絵本の最後で、桃太郎が、「此あとで　こめをうちだしてやらう」と言うと、前の男が、「たゞかねがよふござる」と答えたところです。米より金がいいと、江戸時代の半ばには人間の価値観が変わっているのです。先ほどの『かさこじぞう』では、米の餅、粟の餅と正月用品でしたけれども、都会では貨幣経済が浸透し、現金第一主義になっていて、そうした人間の欲望が昔話によく表れています。

また、「桃太郎」は、佐々木喜善が大正一五年（一九二六）に出した『紫波郡昔話』の「桃ノ子太郎」にも見えます。藤田留蔵という小学生の書いた作文を書き直したものですけれど、これはちょっと変わった話でした。

花見に行ったお母さんの腰の所へ桃が転がってきて、桃が割れて子どもが生まれる。桃ノ子太郎が学問をしていると鳥が飛んできて、「日本一の黍団子を持ってきてくれ」という地獄からの手紙を置いていく。それで鬼ヶ島へ行くわけですが、犬や猿や雉《きじ》は出てきません。鬼たちに黍団子を食べさせると、みんな酔っぱらってしまい、お姫様を車に乗せて引っ張り出し、救い出すのです。

たぶん、黍団子を食べさせて酔わせるのも、地獄の

（上）（下）『寝桃太郎昔語』
（『近世子どもの絵本集　江戸篇』より）

鬼たちに連れ去られたお姫様を救い出すのも、前提には「酒呑童子《しゆてんどうじ》」のような話があると思います。擄《さら》われたお姫様を救い出すと、そのことがお上に知れて、たいへんなお金を貰い、桃ノ子太郎の家は長者になったと結びます。たぶんお姫様と結婚して、めでたしめでたしなのでしょう。柳田国男《やなぎたくにお》はこれが「桃太郎」の典型だと考えたのですが、なかなかお姫様を救い出して結婚するという話はありませんでした。やはり、ちょっと異例の話だったと思われます。

こういう「桃太郎」の絵本はたいへん好まれてきたのです。特に元気な男の子を授かりたいというので、「桃太郎」の絵本はものすごく評判がよかったようです。ところが、その後、日本が軍国主義の時代にはいると、桃太郎が鬼ヶ島に鬼征伐に行くというのが、日本がアジアに進出し、アメリカと戦争するという情況と重ねられます。日の丸を掲げた桃太郎というのは、軍国主義の英雄になっていくわけです。そのため、戦後の教科書から「桃太郎」はすっかり消えていきます。絵本ではたくさん残っていますけれど、それが現実です。

五　「猿蟹合戦」と軍国主義の時代

石井　これまで話題になったことはありませんが、実は「猿蟹合戦」も軍国主義の時代にうまく利用されたのです。明治三七年（一九〇四）九月序の『日露戦争ポンチ日本大捷サルカニ合戦』の「はしがき」に、こうあります。

むかし、むかし、さる　と　いふ　おほわるもの　が　あつて(ママ)、かに　を　いじめた　が　ために、かたき　を　うたれた　はなしは、みなさん　ようごぞんじな　こと。

これは「猿蟹合戦」のことです。ところが、次のように続きます。

いま、ロシア　と　いふ　ずるい　くにが、わが　にっぽん　に　むかつって(ママ)　ぶれい　を　はたらき、しな　や　ちょーせん　を　いじめて　ばかり　ゐる。こんど　の　だいせん　そー　の　おこったの　も、それが　ため　で　あること　も、みなさんが、とうに　ごぞんじ　で　ありませう。

猿とロシア、蟹と日本を重ねて、この日露戦争を説明してしまうのです。ずるいロシアは、正しい日本に負けてしまったのだという論理です。「猿蟹合戦」と「日露戦争」が似ているので、「ぽんちゑばなし」にしたというのです。ずるいやつは負けて、正しいものは勝つというのは昔話の理論なんですが、それを軍国主義における正当化の論理にしてしまうと、こういうこ

(上)(下)『日露戦争ポンチ日本大鍵サルカニ合戦』

とにもなるのです。この「はしがき」は「にっぽんていこく　ばんざーい」と結びますが、この絵本は日本帝国の勝利を賞賛する話になっていくわけです。「めいじ三十七ねん九がつ」は、「ポーツマス条約」が締結された月でした。「いしはら　ばんがく」は石原万岳で、唱歌運動を進めた石原和三郎のことです。

例えば、(二)には、猿と蟹が次のように出てきます。

(二)猿はわるがしこいやつでありますから、柿の種をりっぱな箱の中に入れて、うまいことをいって、むりやりに蟹の宝物と取りかへて、自分のうちへもってかへりました。(二七頁参照)

この「蟹の宝物」というのはおむすびではなく、川の砂金や海の珊瑚《さんご》・真珠などで、猿は柿の種を持っていて、無理に取り替えるわけです。これは、「(昔ロシアが日本をだまして、千島と樺太ととりかへたことがありますが、よくそれに似ては居ませんか)」と注記します。これは、明治八年(一八七五)の「樺太千島交換条約」で、ロシアが猿、日本が蟹で、千島と樺太と交換するというのに重ね合わせています。上手にこれだけ重ねるなと、思うのです。

次のところに行くと、こんな一節が見えます。

(五)ところが、猿のやつはこの両刀を蟹に取らせては、又争《あらそひ》のもとだと、大ぜいよってたかって、その刀を自分のものにしてしまひました。

「(これは日本で遼東半島を支那から取ったのをロシアがよこどりしたことに似て居ませう)」と注記します。「両刀」は「遼東(半島)」と掛詞になっているわけです。それで、蟹は猿に両刀(遼東半島)を奪われてしまうという話になっています。

そして、柿をぶつけられた蟹が大怪我をすると、蜂と臼と卵がお見舞いにやってきます。日本は蟹ですから、死んでしまったら敗戦になってしまうので、怪我程度です。猿であるロシアを退治するために、蜂と臼と卵が手助けをするというのですが、蜂が機関砲、臼は攻城砲、卵は地雷火を使うという設定で、どれも近代兵器です。

卵が地雷火を爆発させてロシア軍をやっつけちゃうわけですが、猿が蟹に負けたように、ロシア兵が日本軍に敗れたということなのです。絵では「アレキシーフ」「クロパトキン」「ステッセル」が、日本が仕掛けた地雷火に飛ばされていますが、みんなロシアの将軍です。その結果、「(なんときびがよいではありませぬか。今度の日露戦争で旅順でも奉天でも、ハルピンでも、露軍の居る所《を》は、みんなこのとほりにやぶってしまふのです)」と注記します。みごとに重ねたなと思うのです。

そして、次のように結んでいきます。

(十一)それで猿の大将も、いよいよ蟹にはかなはぬと思って、前に取った宝物や両刀に、のしのかはりに裏白（ウラジヲ）をそへて、降参をいたしました。（二七頁参照）

　猿の大将（ロシアの皇帝）は蟹（日本）にはかなわないとして、前に取った宝物（樺太）や両刀（遼東半島）に、裏白（ウラジオストック）を添えて降参した、と重ねるのです。めでたく凱旋《がいせん》する様子で終わり、「（日本でお正月のおかざりに裏白を用ひるのはこの時からのことだと、蟹のお国では申してをるそーであります）」と注記します。正月のお飾りに裏白を添える起源にしているわけです。昔話というのは、こういうふうにして起源に結び付けることがしばしばあることを踏まえているのです。

「日本帝国万歳」という言葉は多くの画面に入っていますが、最後も「今一つ万歳をとなへませう　日本帝国万歳」とします。これは、「はしがき」に、「それから、にっぽん　の　だいしょーり　を　いはふ　ため　に、ばんざい　を　となへ　て　ください」とあったのと、見事に対応します。これは日露戦争でしたが、この後、太平洋戦争にかけて、特に「桃太郎」が日本の軍国主義に使われてきたということになります。昔話絵本の歴史を考えるにあたって、とても大きな問題としてあります。

　しかし、戦後の昔話絵本というのは、松谷みよ子さんにしても岩崎京子さんにしても、こういう伝統ではなく、民俗学者が地方で採集した昔話をもとにして、子どもたち向けに書き改めるようになります。こういう絵本が昔あったんだということは、われわれはもうすっかり忘れてしまっていますけれども、こういうものもあるんだということを知っていただきたいと思って、今日は持ってまいりました。

六　正部家ミヤさんの「猿と蟹の餅搗き」

石井　正部家さん、ずいぶんお待たせしました。では、今の流れで、「猿と蟹」の話でも、一つお願いできますか。

正部家　石井先生のごどを、とってもかわいいと思ってらったのに、今とっても憎《にぐ》らしくなって（笑い）。何の相談もなく、「これしゃべろ」って、いぎなり振ってくるんのよ。なじょしたらいいがんべ。本とは違いますけども、私たちが父から聞いた話で、「猿と蟹の餅搗き」という話っこするがら。これは幼稚園とか小さい子どもにしゃべるにはいいど思うので、この話っこ聞いでください。

　むが—し、あったずもな。あるどごに、猿と蟹ど、隣同士で暮らしてらったど。ある天気のいい日だったずが、蟹っこ、わやわやど出はってきたど。

「猿殿、猿殿、今日、天気もいいが、餅っこでも搗いで食《か》ねが」

ってしゃべったずもな。そしたどごろぁ、猿ぁ、

「そーだな、そだら、俺、力持ぢだから、俺、搗ぐがらよ」

しゃべったずもな。

それがら、猿ぁ、臼出して、餅搗ぐ支度して、おっきな杵《きぎ》持って来て、餅搗いだど。猿ぁ、力持ぢだがら、どしーんどしーんと搗いだずもな。蟹っこ、搗ぐわけにもいがねがら、臼のほとりっこさたがってで（取り付いていて）、鋏《はさみ》っこで、捏《こ》ね方《がだ》したったど。

「それきたー、ええぞ、はいきた、はいー」

って捏ねでらずもな。そのうぢに、美味《うめ》そうな餅っこ搗げできたんだど。それ見だどごろぁ、猿のごどだもの、こんなな美味そうな餅っこ、蟹などさ食《か》せたくねなど思ったど。なんじょにがして、俺一人で食うごどにできねがなど思ったずもな。ええあんべ、美味そうな餅っこ、ぴかぴかと光って搗げできた頃見計らって、その蟹を追っ払う工夫をしたんだど。ええあんべなどごろさ行ってがら、

「わあー」

っと、魂消《たまが》したど。蟹っこ、魂消《たまげ》で臼の縁から手離したもんだがら、下さぽたーっと落《お》ってしまったずもな。それ見で猿ぁ、それ、いがったべど思ったど。これで、この餅ぁ、俺のものだと。俺一人して食うにえなど思ったずもな。むんずりど引っ担いだど。餅の入《へ》ったままの臼、引っ担いで、山たでで（山に向かって）走《はし》えだど。わらわらわらど走《はし》えだずもな。

蟹っこ、それ見で、俺も手伝ったったがなと思ったがら、

「猿殿、猿殿、俺さも、その餅っこ、ぺっこ（少し）食《か》せろてば、猿殿、猿殿、猿殿」

って、わやわやわやわやって、後《あど》追《ぼ》っかけで行ったど。そーだども、猿の足の方、早《は》えがら、臼担いだまま、山の中《なが》さ走《は》せごんでしまったど。そだども、その蟹っこ、諦《あぎら》めねがったど。

「猿殿、猿殿、俺さもその餅っこ、ぺっこけろ（少しくれ）でば、俺さも食《か》せろでば」

って、わやわやわやわやって、上がって行ったずもな。諦めねでえがったど。ほだがら、なんだりかんだり諦めねんだど。

山さ上がって行ったどごろぁ、山の真ん中《なが》さ、その熱《あ》っつ餅、べったりと落《お》ってらったど。ごろんごろんと転んできたもんだがら、木の葉とかゴミっこ、いっぺえつけて、湯気っこ、ぽやぽやーっと立てで落《お》ってらずもな。それ見だ蟹っこ、それいがったべ、俺の餅落《お》ってらど思ったずもな。そばさ行って、ぺたーっと座《ね》まってでがら、ゴミっこだの、木の葉っこ取ったど。

「すっぱりかっぱり（腹一杯）食《け》ばおいしいござる」

って、ゴミっこはさっぱど取って、鋏っこさ挟んでむちゃむちゃ、むちゃむちゃぁど食ってらど。

それど知らねがら、猿、山さ走《は》せ上《あ》がって、臼下ろして餅食うべど思ったどごろぁ、臼の中《なが》に餅、なかっ

たど。さあ、これぁ、しくった（失敗した）ごどした、落どしてきたど思ったど。それがら、猿ぁ、山、わらわらど走《はし》ぇできたずもな。

　そーしたどごろぁ、山の真ん中さ、蟹っこ、ぺたーっと座《ね》まってでがら、

「すっぱりかっぱり食《け》ばおいしいござる」

って、すっかりゴミっこ取って、鋏っこさ挟んでむちゃむちゃ、むちゃむちゃど、美味そうに食ってらったど。それ見っけだもんだがら、猿、ごしゃいだ（腹を立てた）ど。

「こら、この蟹くしぇ（蟹の野郎）、それ俺の餅だがら、こっちゃよごせ」

ったど。蟹は、聞けねふりして食ってらずもな。あんまり猿、騒ぐもんだがら、そごさ取ってらゴミっこどが、木の葉っこのついだやづ、団子に丸めて猿の面《つら》めがけで、べだーっとぶつけだど。そうしたどごろぁ、猿の面さ、熱っつ餅くつかったもんだがら、猿、それ剥《は》がすべど思って、やっきど（無理矢理）引っぱったどごろぁ、自分の面の皮まで剥いでしまったんだど。だがら、今も猿の顔は真っ赤《か》っかになったんだどさ。

　だがら、ね、欲張りばりするど、面の皮剥がれんだじょ、というのはそのごどでねがべが。家の父は、これこういうことだよと、絶対《ぜってい》言わね人だったの。ただ、これで、どんどはれ、だど（拍手）。

石井　「猿蟹合戦」を思い出してみると、猿と蟹とが柿の種とおむすびを交換するという場面が、昔の教科書にはよく出てくるのです。ところが、「桃太郎」と違って、やっぱり合戦物だということもあったのか、その後のストーリーまではなかなか教科書には出て来ません。けれども、とっても親しみのある話です。
　正部家さんが「猿と蟹の餅争い」の話をしてくれましたが、「猿蟹合戦」とはちょっと違います。岩手県の昔話を見ていくと、「猿蟹合戦」はあまりなくて、この「猿と蟹の餅争い」の方が多いようです。日本の中で、その分布がどうなっているのかというのは、とても興味深いところです。逆に言えば、教科書や軍国主義の影響もなく、遠野の人たちはこういう語りを豊かに継いできたということがよくわかることになります。絵本だけに独占されないし、語りだけにも独占されない、そういう共存関係が日本にはあったんだろうと思います。

七　正部家ミヤさんの「狐と獺」

石井　時間も押してきていますので、もう一つ正部家さんに語ってもらいたいなと思います。これも動物の昔話ですけれども、お父さんに聞いたお話だということですが、「狐と獺《かわうそ》」の話をしていただいて、この講演をまとめていきたいと思います。
正部家　では、

むかす、あったずもな。あるどごに、狐と獺どいだったど。狐と獺どばったり行き会って、

「いやいや、おらだって、いっつも同じ街道《けいど》ばり歩いていられねんだが、なーんにも、この世の中におもしれぇごともねえが、なにがおもしれぇごとしねが」

って相談したずもな。そしたら狐、ずれぇもんだがら、

「そんだらば、どっつでも何でもいいがら、お互《たんげ》に御馳走《ごっつぉう》しあいっこさねねが」

って言《へ》ったんだと。ほにさ、それもいいごったど思ったずもな。

「そだらばそうすべし。うだら、そう決まった以上、お前《めぇ》の方、先さ取ってきて御馳走《ごっつぉう》せよ」

って、獺さしゃべったんだど。獺のごどぁ、俺みでに人よしだがらだまされで、

「いい、いい」

って、

「そんなら晩げ、おら家《え》さお出《い》でれ」

ってしゃべったずもな。獺のごったがら、雑魚《ざっこ》いっぺ取ってきたんだど。それ煮だり、焼いたりして狐来るのを待ってらど。したどごろぁ、狐ぁ、

「来ましたじぇ」

って来たったど。

「はい、はい、入《へ》ってがんせ、入《へ》ってがんせ」

って中さ入れで、さんざん、ほんとに、

「それ食《け》え、やれ食《け》え」

って御馳走《ごっつぉう》になったんだど。そしたらば、

「明日《あした》の晩は、おら家《え》さ、来《こ》」

ってしゃべられだがら、獺もその気になって、次の晩、訪ねて行ったんだど。狐のどごさ訪ねで行ったずもな。そしたどこら、狐、いたごどぁいたずども、「入《へ》れ」ども言わねで、黙って上ばり見てらったど。何《な》してらんだか、なんぼ待ってでも、なんつごどもながったずもな。それがら、

「じぇじぇ、狐殿、狐殿。お前《め》、『明日、俺の番だがら、俺御馳走《ごっつぉう》すっから来』ったけが、何、御馳走《ごっつぉう》すっとごだ」

って聞いだど。そしたどごろぁ、狐、

「いやー、申すわけねえごとした。俺ほんとのどごろ、今日《きょ》、天番が当たっててよ、天の番さねばねくて、上ばり見てらどごだ。とっても今日の用にはなんねもや。ほだら明日の晩げ、来《こ》」

ってしゃべったっだずもな。獺もだまされて家《え》さ帰ったんだど。

「明日の晩こど、いっぺえ、獣でもなんでも獲ってで御馳走《ごっつぉう》すっから、明日の晩、来《こ》」

って言われだがら、次《つぐ》の晩げも獺も、狐の宿まで上がっていったど。

「狐殿、狐殿、来たが。今夜、何御馳走《ごっつぉう》すっとごだ」

ってしゃべったども、一向返事ながったど。中さ入《へ》って見だどごろぁ、黙って、下ばり見でらんだずもな。これぁおかしいど思ったがら、

「狐殿、狐殿。お前《め》、『明日の晩げ来《こ》』って言《へ》ったが、今夜、何御馳走《ごっつぉう》すっとごだ」

って聞いだど。

「じゃじゃぁ、申すわげねごどしてしまった。俺、今日、地番《じばん》が当たってでよ、なんたって、これ日離すわげにいがねがら、ほで、この次にしてけろ」

しゃべったずもな。なんぼ、人のいい獺だって、ごしぇやげだ（腹を立てた）ど。これぁ、だまされだと思ったんだど。それがら、

「なんじょなどごで、そなごどばりしてだます」

ってしゃべったどごろぁ、狐ぁ、

「ほんとのごど言えば、雑魚《ざっこ》獲るごども、獣獲るようも、何にも知らね。申しわけねども、お前、俺さ雑魚《ざっこ》獲るよう、教えねが」

ってしゃべったんだど。したっけ、獺ぁ、

「えーえー、そんなごどだったら、早ぐしゃべればえがったんだ。そだらな、うーんとすばれる（寒さが厳しい）晩げよ、川さ行ってがら、ぶらーっと、お前のその長げえ尻尾《しっぽ》、ふったらしておいてみろ」

ったど。

「そせば、そごさぱたーっ、ぱたーっと来て、雑魚《ざっこ》つぐがら、そしたらば、上げればいいんだ」

って。

「雑魚《ざっこ》つくたびに、つーん、つーんと音《おど》っこすがら、その時《どぎ》に、いっぺついだ頃見計らって上げればいいんだ」

ったどごろぁ、いがったべど思ったど、狐ぁ。そして獺は、帰《け》ったずもな。


狐ぁ、うんとすばれる晩げ、よし、今晩いいごったど思って、川さ行ったど。そごさ長《なん》げ尻尾ふったらして、待ってらずもな。そしたどごろぁ、いがにも、とつーっと当だったど。それ一匹来たぞ。また、とつーったど。それ、また来た。またとつーっと当だるど。それ来た、それ来たど思っているうづに、すっかり夜明げでしまったど。さあ、これぁ、てえへんだ。いまに人来るが、人来ればここにいるど、俺ぶっ殺されでしまるど思ったがら、なんとかして、その尻尾上げで逃げる気したどごろぁ、なんとしても尻尾上がんねがったど。すっかり氷《すが》さくっつがってしまって、中さ、とつーっ、とつーっと上がったのは氷《すが》っこが来てくっついでらったんだど。そして、夜明げだどごろぁ、村の人だづに見《め》っけられで、

「この狐きしぇ（狐の野郎）、いっつも悪戯《いたずら》ばがりわがれでいる（やっている）」

たんだ、ぶっ殺されでしまったんだどさ。どんどはれ。

石井　天の番、地の番というとぼけたところが出てきますけれど、とぼけた言い訳をしてだましても、一方で雑魚を獲る知識がないと、やっぱり最後はひどい目にあって殺されてしまう、ということになるのかも知れません。これは「尻尾の釣り」という話名をつけて呼んでいますけれど、日本だけではなく、ヨーロッパにもたくさんあって、世界中にある話なんですね。実は、遠野の話はグリム童話につながっていったり、世

界中とつながっていたりするのです。なぜ人間はこういった話を大事に伝えてきたんだろうということを、改めて考えざるをえません。

先ほど、日本では、地域によってさまざまな違いのある昔話を伝えてきたと言いましたけれども、一方では日本の国を越えて、さまざまな国と交流をもっているというのは、国際化の時代にとってもふさわしいと思うのです。「尻尾の釣り」の話をすれば、ヨーロッパの人とも、中国の人とも、「うちにはこういう話がある」という会話が成り立つはずです。昔話というのは、国際化の時代の人類共通の財産になると思うのです。

八　鈴木サツさんと佐々木喜善の語りの表現

石井　最後に、お亡くなりになりましたけれども、お姉さんの鈴木サツさんには何冊かの昔話絵本があって、それを上げておきましょう。太田大八さんの絵で、『キツネとかわうその知恵くらべ』という本がありまず。瑞雲舎から平成七年（一九九五）に出ています。

そすてがらに、あるとき、かわうそのとこさ、またほれ、番が来て、狐行ったずもな。
して、いっつもよりいっぺえ雑魚《ざっこ》だのなに、いっぺ出したずもな。そしてば、狐、
「じぇ」って、
「お前《め》、なんたなことして、この雑魚《ざっこ》取るのや。おればりいっつも御馳走《ごッつぉ》になってるが、おれも取んねばねが」
って言《し》ったずもな。

狐と獺が交代に御馳走しようと約束します。人間でも、約束して行っても、なんか上を向いたり下向いたりしている人、今でもいるかも知れませんが（笑い）、狐ばっかりではないですね。この話では、狐はだんだん御馳走になることが負担になってくるのです。狐はずるい怠け者だったけれど、改心して雑魚獲りをしようとするのですが、雑魚の獲り方を知らない。その背景には、獺は川の世界に住んでいて、狐は山の世界に住んでいて、それぞれの暮らし方が違うということを考えてみなければなりません。

ただ、この絵本には、サツさんの語りがよく残っているんです。「またほれ」の「ほれ」は、意味上、外しちゃってもいいはずです。「いっぺえ雑魚だのなに」の「なに」もそうです。さらに、「いっぺ出したずもな」という「いっぺ」はややくどい感じがしますが、繰返しによって、雑魚がたくさんだったということを表現したかったのでしょう。書いた文として読むならば、「雑魚だの、いっぺ出したずもな」と整理した方がすっきりするはずですが、語りの表現はそれとは違うのです。

その後、狐は獺に尻尾を川に入れて獲る方法を教え

られ、そのとおりやってみると、尻尾がぬけなくなるわけです。サツさんの語りでは、そこに雑魚獲りの人たちがやってきます。生《い》け簀《す》に魚を入れておくと、いつもなくなるので、犯人をつかまえようとしていたのです。サツさんの語りには謎解きがあって、実は、その前に、獺は雑魚獲りの人たちが掛けていた生け簀の中から雑魚を獲っていたらしいということが想像されるのです。

　雑魚獲りの人たちは、ちょうど狐がいたんで、さんざんに叩《たた》きますが、狐はあわてて逃げて尻尾が切れ、それで狐の尻尾は短くなったのだ、という語り口になります。サツさんの場合は、ミヤさんと違って、狐は尻尾が短くなった程度で、殺されることはありません。同じお父さんから聞いても、姉妹で微妙に語りが違うのは、それぞれの人生観が反映しているのかもしれません。語るというのは、驚くほど主体的な行為なのです。

　佐々木喜善も、昭和六年（一九三一）の『聴耳草《ききみみぞう》紙《し》』の中に、「獺と狐（その一）」を残しています。さっき、「猿と蟹の餅争い」について、ミヤさんが子どもはこういう話から聞くのだと話されましたが、喜善も、「（私の稚い時の記憶、奥州の子供等はこんな種類の話を一番最初に聴かせられた。）」としています。「獺と狐」のような話は、子どもたちが最初に接する昔話の一つだったのでしょうね。

　ミヤさんの語りもとってもよかったけれども、喜善の「獺と狐（その一）」は、今から七七年前の記録で、貴重なものです。一部引用してみましょう。

> 　次の晩は狐の番であった。獺は彼奴《あいつ》のはきっと山の物で、兎汁でも食わせるかなアと思って行くと、狐の家ではさっぱり何の気振りもない。獺は怪《おか》しく思って、ざいざい狐モライ、俺はハア来たぜと言って入って行った。すると狐は一向返事もしないで、一生懸命に上の方ばかり見て黙っている。獺が何したと訊《き》くと、狐はやっと口をきいて、獺モライ獺モライ、申訳がないが実ア俺アところさ今夜、空守役《そらまぶりやく》を告《つ》がって、それで俺アこうして、上の方ばかり見ていねばならないから、今夜のところは許して還《かえ》ってケモサイと言った。獺はそう言われて、狐のところに今まで聞いたこともない、妙な役割が告がったものだと思って家へ還った。

　地の文は共通語になっていますが、「獺モライ獺モライ」とか、「還ってケモサイ」とかいう会話の言葉は重要です。遠野の七〇年前の言葉は、こういうところにとってもよく生きていると思うからです。喜善はそのあたりのことを実に上手に書いているように思います。今、読んでみても、とってもおもしろいですね。

　喜善の話でも、最後、狐は長者どんの嫁子様に叩き殺されています。『聴耳草紙』の「獺と狐（その二）」は江刺郡の話で、狐は命からがら山へ逃げて行きます。

「獺と狐（その三）」は岩手郡の雫石《しずくいし》の田中喜多美《きたみ》という人が『ねむた鳥』にまとめた話で、狐は打たれて殺されてしまい、ミヤさんと同じような語りです。これから、喜善が集めた話が絵本になって生かされたり、語りの中に生かされたりするならばとてもいいなと思うのです。

鈴木サツさんの話の中に、お父さんのことが残っています。さっきミヤさんの話にもありましたけれども、「父は、じっさい話がうまかったんだねえ。こうやって百姓仕事教えるときだって、昔話しゃべるときだって、ただわかりやすく話《はなす》するだけでじゃなくて、それがすっかり絵に見えるよな話する人だったから、私には絵に見えたから、上手だったんだねえ」（『鈴木サツ全昔話集』）と語っています。最後に、お父さんの語りが絵に見えるようだというのは、どういうことなのか、ミヤさんにお聞きして、今日の私たちの話を終わりたいと思います。

正部家　そういうことで、家の父ね、話上手というよりね、ほんとに見えるように話してきたの。んだから、みんなさ語るどぎは、「心でしゃべろ」って言う人だったの。「そだば、みんなさ通ずるだがら」っつう人だったの。そして、「説明をするな」って言う人でした。「これはこういう訳で、ああいう訳でって説明しなくても、お客《ぎゃく》さん、みんながわかってけるようにしゃべるんだ」っつ人でした。だがら、説明はしながったの。「むがしあったずもな」「どんどはれ」だったの。

石井　昔話を語るとき、そのストーリーは自分の中でイメージできるんですか。

正部家　はい。これはね、私らもそう言って父から聞いてらもんだけどね。そう思ってながったけど、私が読売新聞の方からね、「先生のお話はよく見えます」って言われたったのす。「えー」ってしぇったの。「見えますか」って言ったら、「よーっく、見えますよ」、「言葉はわからないでしょう」ったら、「言葉はわからないけども、お話はよーくわかります」って言われたったの。そしてそのどぎ、ああ、父が言ったのはこのごどだったんだなと思いましたった。

石井　聞き手によく見える話ができるかどうかというのが、大切になるのかも知れません。もうお約束の時間が過ぎてしまいましたので、今日はこれくらいでどんどはれにします。ありがとうございました（拍手）。

子どもたちへの贈り物

岩崎京子

一　人間の持つ想像力の大切さ

家の近くの子どもが、「子どものお話、何で書いているの？　今も書いているの？」って言うんですよね。そういうの、すごく恥ずかしいもんで、いつもごまかしてたんですけれど、今日は模範解答を作ってきたんです。「今日まで生きてきて、見たり聞いたり体験したことがいっぱいあって、その中に人生の知恵や教訓とかもあるはずでしょ？　それを書いてます」と言おうと思ったんです。

でも、「私、教訓なんてあるかしら？　何にもない」と心配になってきて。「そう言えば、そういうのを探すために歩きまわってんだな」と思いました。「犬も歩けば棒に当たる」で―あたし戌年《いぬ》なんです（笑い）―、歩き回れば棒に当たるかなと思っても、あまり当たらない。自動車に当たったぐらいです（笑い）。

もし私にやらなければという義務があるとすると、贈り物を子どもたちにあげることだと思うんです。これからクリスマスのシーズンになって、サンタクロースが登場してくるんですけれど、一〇〇年前、アメリカで八歳のバージニアという少女が、「サンタクロースっているんでしょうか」という投書を新聞社にしたんです。すると新聞社で真剣に取り組んで返事を書き、手紙と返事が社説に出たので、大評判になりました。

一〇〇年経った今でも、クリスマスのシーズンになると、「サンタクロースっているんでしょうか」という、バージニアの問いと新聞記者の答えが新聞に出てくるんです。その答えというのは、「見えないからいないとは限らないでしょう？　ちゃんといますよ。真実とか愛情とか思いやりなんていうのがあるでしょう？　それと同じですよ」というのです。毎年それを読みながらもあまり考えなくて、どん詰まりになってから、「私もやっぱりちゃんとしたものを残してから死ななくちゃ」と思っているんです。

週に一回だけ家に子どもが遊びに来てくれて、本を読んでくれたり借りていってくれたりするんですけれど、お母さんも一緒についてきてくれるので、「お母さんも子どもと一緒に昔話を読もう」ってやっているんです。

例えば「浦島太郎」は、行って帰るというファンタジーの王道みたいな話ですが、子どもたちはすーっと受け取ってくれるんです。でも、お母さんたちはそうはいかない。「浦島太郎って、モデルいるの？」「実在したの？」なんていろいろ言うんです。

そう言えば『日本書紀』とか『万葉集』に、「浦島子」というのが出てくるのです。亀に乗って竜宮に行ったという話は出ていないけれども、村を追っぱらわれたというのが出ている。「もしかすると、やさしい語り手の人がちょっとふくらまして、竜宮城に行ったたって作ってんじゃないかしらね」って言ったら、「竜宮はあるの?」って、また困る質問をするんです。あれはもう祖先の想像力じゃないかしらね、すばらしいじゃない。

二　看板絵とニライカナイ、蓬莱

私も想像できるんです。子どもの頃、内風呂がなくて、銭湯に行ってたんです。銭湯には浴槽の上に看板絵があって、富士山の絵が定番なんですけれど、私の行ってたお風呂は緑色の海で、珊瑚《さんご》や海草があったりして、亀が格好つけて泳いでいて、その後ろから鯛《たい》や鮃《ひらめ》、鰯《いわし》が群泳しているんです。とぷーんと浸《つ》かりながら見ていると、「あの魚たち、竜宮を知っているんじゃないだろうか、口があればしゃべってくれるんじゃないか」と思ったりね。隣の男湯に行くと竜宮の絵があるかも知れないけれど、男湯はのぞけないような雰囲気だったもんですから、わからない。でも、その時、「竜宮ってあるんだな、行きたいな」なんていうような想像ができるんですよね。お風呂の湯でもごまかせなくなったら、次は水族館に行ったんです。水族館の梯子《はしご》をして、一番いいのは大阪の海遊館です。広くて、ジンベイザメがゆったり来るんです。気取りのない、すごく性格のいい魚だと思うのですけれど、あのキャラが好きでね（笑い）。大阪で友達が呼んでくれたりすると行って、地下鉄乗り継いで海遊館に行って、その時も、「この向こうに竜宮ってあるな」なんて思っちゃうんです。

「私だって想像力があるのに、昔の人が竜宮というのを作り出さないわけはないや」なんて思ったりする。例えば、沖縄。はるかな水平線を見ていると、その向こうにニライカナイという天国みたいな別天地があると、ほとんど信仰ですけれど思っているでしょう？　それ、人間の本能みたいな気もするんです。

　中国では、それを蓬萊《ほうらい》という名前で呼びました。皇帝が家来の徐福《じょふく》に、「蓬萊に行って、不老不死の薬を持ってこい」と言いつけるんです。徐福は船出して着いた所が和歌山県で、日本が蓬萊だと思うんです。和歌山県にはわりと徐福の伝説が各所にあるので、どこまで本当かわからないけれども、証明があるような気がして、「蓬萊伝説というのも竜宮に通じるかも」なんて思って、自分一人で納得しているんです。

　もう一つは、お母さんたち、「あの玉手箱、あれなあに。ゲストに対してホストが開けちゃ駄目よと言ってくれるお土産なんて意味ないじゃない？」と言う。「あ、ほんとだ」と思うんですけれど、「それなあに？　何か暗示あるの？」と言われて、「私に聞かないでよ」と、こうやるんです。

　でも、ふっと、ギリシャの神話の「パンドラの箱」というのを思い出しましてね。パンドラという女の子が開けちゃ駄目よと言われると開けたくなる。そこはわかるんですけれど、そうすると、病気とか心配とか悩みとか、マイナスの情緒がもやもや出てきて、最後に希望という小さいのが残る。それが救いなんでしょうけれど、あれに継ぐものかと、目下まだ疑問なんで、また石井先生にうかがおうと思っています。

　一番返事に困るのは時間の方なんです。浦島が竜宮で三日過ごしただけで、帰ってきたら何百年と経っていましたけれど、「あれなあに？」と言われる。そこが時間のファンタジーで、「それはお話なのよ」なんて言ったんですけれど、困っちゃって答えられなかった。『浦島太郎は、なぜ年をとらなかったか』（山下芳樹・白石拓著、祥伝社、二〇〇五年）という本を見つけてきたお母さんがいて、みんなで回覧してね。竜宮というのは宇宙の星で、亀というロケットに乗っていかなけりゃいけない。つまり、人間の時間と何光年という宇宙の時間の違いだって。例えば電車に乗って、みんなつり革につかまったり座ったりして一緒の場所、一緒の時間を移動するでしょう。でもホームで乗りそこなった人とか、線路の柵《さく》の外で「行ってらっしゃい」なんて言っている人の前を電車はさーっと行っちゃう。その違いだってわかる？　全然わからないので、今も悩んでいます。

そういうふうに、母さんたちは井戸端会議ふうになっちゃうのです。けっこう私も燃えるんです。この間、石井先生の『桃太郎はニートだった！』（講談社、二〇〇八年）が出て、今引っ張りだこなんです。今日それを持って来たかったのですけれど、どのお母さんが持っていっているのかわからない。子どもは読書カードがあって、厳重に付けてもらっているからわかるんですけれど、お母さんは手から手というわけで、どこを回っているかわからないんです。持ってこれなかったけれど、先生の本のお陰で、昔話を読む会はちょっとアカデミックになっているんです。

三　江戸時代から現代までの「桃太郎」

さっき「桃太郎」の話をしてくださいましたけれど、「桃太郎」もそのバリエーションでみんな燃えたんです。「桃太郎」って一〇〇〇年ぐらい前に御伽草子の一つとして誕生したと思うんですけれど、どこの村でも物を壊したり持っていったり、ちょっと悪戯《いたずら》をしたり悪いことをしたりする盗賊、山賊、海賊、そういうのがいたと思うのです。それをやっつける勇気のある少年なんていたら、たちまちアイドルですよね。

各地にそういうアイドルがいたと思うんです。そのバリエーションがいっぱいあると思うんですけれど、それが各地だけのものじゃなくて、全国的になっていったのはやっぱり木版刷りの絵本というのができたからでしょうね。挿絵入りの赤本といいますけれど、その絵本ができたために全国的になって、桃太郎が全国のアイドルになったと思うんです。

同時に批判も、その江戸時代にあったのでしたね。赤本と同時に、大人向けの絵本というのが黄表紙というので、パロディーになるんですけれど、黄表紙にちょっと興味を持っていて、隠居仕事はもう黄表紙だと決めていて、もう隠居しているみたいなもんだからやっているんですけれど、お話は一〇〇〇ぐらいあるんですって。それを井上ひさしさんなんかも、各地方にいらっしゃると図書館なんかに行って写して集めてらっしゃる。私は始めてからもう何年も経つのに、まだ一〇〇も集めてないのですけれど、むずかしい字が読めないから、印刷されたものだけしか読めないのでね。

その中で、子ども向けのものというと、また数が限定されちゃうんですけれど、例えば『八代目桃太郎』というのがあるんです。子や孫や曾孫の代あたりは鬼ヶ島から持ってきた金銀財宝で潤《うるお》いますけれど、七代目八代目になると底をついちゃうのです。最後の打出の小槌というのも質屋に行っているというのが八代目（笑い）。それから、鬼退治に桃太郎が行った仕返しに、鬼が桃太郎退治に来るというパロディーもあるのです。

もう一つ、桃太郎が白鬼王子というのを連れてくるのです。白面の貴公子というぐらいですからイケメンで、桃太郎の家のお手伝いさんがぽーっとなる。そうすると桃太郎のお供をした猿がそのお手伝いさんを見てぽーっとなって、三角関係と言うのでしょう。それだけでは済まなくて、鬼ヶ島から王子の婚約者が「白鬼様」って出てくるのです。そういうふうにいろいろに変えるのは語り手の自由だし、黄表紙の作者なんてのは半分落語家みたいな方たちなもんだから、面白おかしく変えちゃうでしょ。「それじゃいけない、元に戻そう」って、原点の桃太郎に返ったりしてね。

私は、戦前に生まれて戦中ばっちり、戦後ばっちりというあれで、戦中に学校卒業したんです。親も全然祝ってくれないんです。先生もそんなにお祝いしてくれないから、自分たちで祝うしかないのです。「グループで町へ出て、お食事をしてお芝居見て帰ろう」というので、ちょうど宝塚劇場で「桃太郎」をやってたんです。高峰秀子の桃太郎、岸井明が犬、榎本健一が猿、灰田勝彦が雉なんです。さっき石井先生がおっしゃったみたいで、軍国少年桃太郎なんです。それを見て帰って。

戦後になって健康な桃太郎に返ろうというのがあってね。実はうちの文庫の六年生がもう一つ話を作っちゃったんです。ある時、お話会でもたれちゃって、一年生とか幼稚園がわーわー薬缶《やかん》の中のお湯みたいに騒ぐ。こういったとき、私は駄目なんです。すると六年生が来て、「今、クラスで流行《はや》っている話をします」と言うので、「ああ、お願いします、こういうのはありがたいな」と横に回っている。すると、「昔々、ある所に、お爺さんとお婆さんがいました」「はあ、はあ、はあ」「お爺さんが、山に柴刈りに」「もしかして桃太郎？」「お婆さんが川へ洗濯に行きますと、大きな桃が流れてきて、持って帰って食べようとして真っ二つに切ると、中の赤ん坊も真っ二つ」

（笑い）。「ええ？　そんなのあり？」なんて、横にいてびっくりしたんですけれど、聞いている子どもたちにはどっと受ける。「へえ」なんて、またそれにも感心したんです。

その六年生は、「また次の日、川に洗濯に行って桃を拾ってきて、昨日は真ん中から切ったから失敗したので、今日は端を切ります。中の赤ん坊は昨日に懲《こ》りて」って（笑い）。後で文庫のお母さんに、「あの子、こういう話をするのよ」ったら、「ああそれね、夕べたけし（北野武）がテレビでやっていたわよ」って。もう世間知らずがばれちゃいましたけれど、まあ、そういうふうに「桃太郎」なんていうのも変わっているんです。

四　「桃太郎」とギルガメシュの叙事詩

もう一つ、世界的に桃太郎みたいなパターンがあるんじゃないでしょうかね。そういうちょっかいを出す人がいて、それを撃退する勇敢な英雄というのがいる。五〇〇〇年前にあったのです。それはもう、「へえー、五〇〇〇年前」なんてびっくりした。メソポタミアのお話だから、五〇〇〇年前なんだけれど。

メソポタミアというのは二つの川の間の土地という意味で、ギリシャ語なんですって。今そこは、御存じイラクという国名になっていますけれど、イラクというのも二つの川の間の土地というアラビア語なんですって。ついでにいいますと、首都のバクダッドは、アラビア語で永遠の平和の都のいう意味で、ずいぶん皮肉な名前ですけれどね。だから、国を作った人とか、そこに住んでいる市民たちは平和が一番の願いだというのがわかりました。

それからシャトルアラブという川は、現在、地図で見るとアラビア湾に入っているんですけれど、その辺りのバスラというのはシンドバットの故郷なんですけれど、沼地なんです。今は国家がやっているので、行けるんですけれど、そこに五〇〇〇年前ウルクという都市があったの。ずぶずぶの所だから煉瓦《れんが》を積んで、国家建設をするわけです。

ギルガメシュという王様なんですけれど、その王様がちょっかいを出す鬼に当たる妖怪フンババというのを、親友のエンキドウーと一緒になって撃退するのです。それも桃太郎のタイプだから、「桃太郎の真似をした」と言ったら、こっちは一〇〇〇年、向こうは五〇〇〇年だから勝負になんなくてね。

その話は五〇〇〇年前の話なんですけれど、一〇〇年前に見つかったんですって。イラクの北部にニネベという町に図書館があって、図書館といっても今みたいに本があるんじゃなくて、煉瓦の粘土板の乾いたのが積んであるというから産業廃棄物の置き場みたいな感じなのかなと思いますが、見てないからわかりません。その中で一〇〇年前に、イギリスの考古学者ジョージ・スミスが見つけて、五〇〇〇年前にこんな王様がいたというのです。英語圏でぱーっと広がったから、ギルガメシュは有名人になっちゃったのです。

そのギルガメシュの英雄叙事詩は、私は最初、矢島文雄さんという方の訳で読みましたが、今、岩波書店で三冊の絵本になっているんです。その挿絵がちょっと日本的じゃない、あちら的でね、子どもたちはこの感覚と違うんじゃないという気がするので、これは駄目かなと思うんだけれど、意外と二、三年生でも借りてってくれるんです。私も勇気が出てきて、「これ桃太郎に似ている」なんて読みがたりをしています。

五「ノアの箱舟」とギルガメシュの父

その他にもいろいろある。ついでだから言っちゃいますと、そのウルクの所にちょっかい出すのは、フンババばっかりじゃないんです。イスタルという女神がいて、ちょいワルなんです。美人でちょいワルなんていうのは人気があるんじゃないかしらね。清く正しくなんては駄目です(笑い)。そのちょいワルの女神様が王様に、「結婚してくれ」って寄ってくるの。もちろんこう肘《ひじ》で払うでしょう。そうすると、怒っちゃって、その毒気が王様ではなくて、エンキドウーに当たっちゃて、エンキドウーは病気になって死ぬんです。

そうすると、王様は、「ああそうか、人間というのは死という問題があって、それがクリアされなければ、平安というのか、永遠の命というのはない」というのがわかって、不老不死の薬を探しに行く。それも物語のパターンの一つですけれども、探しに行くんです。その薬を知っている人がいて、ウトナピシテムというお爺さんなんです。

紹介してもらっていくのですが、どういう人かというと、神様が人間をつくって何代目かになると、人間がわがままになって、神様の言うことを聞かないで勝手なことをするんです。神様は怒って、「ああ、もう人間を全部洗い流しちゃおう」と思ったんですって。それで神様は洪水を計画して、六〇日六〇夜雨を降らすと、町中がとっぷりと水に浸かってみんな流された。その時、神様はウトナピシテムだけ、「あんただけは清く正しいから救う」って大きな舟を造ってね、「動物を一つがいずつ入れておきなさい。嵐が止んだら出なさい」と言う。

その話、「ノアの箱舟」として知ってませんか。私も、「あれー、これ知っている」って。ジョージ・スミスさんも煉瓦の山を見て、「あれー」っと思ったんですって。片や「ノアの箱舟」が本になったのは、一〇〇〇年か二〇〇〇年、その頃かちょっと前ぐらいだと思うんですが、五〇〇〇年には追っつかないんです。五〇〇〇年前頃、歴史的な事実として、子孫に伝えたい大洪水があったんじゃないかという説があるんです。つまり、私たちはやっとそれを知って、ギルガメシュという王様が桃太郎に似てるなんて鑑賞できるんで、びっくりしたわけね。

今年の八月、東京の代々木で子どもの本研究会の勉強会があったんです。私も代々木ですぐそばだからうかがって、一緒に受講していたんです。隣に、百々佑利子《ももゆりこ》さんという日本女子大の先生がいらっしゃいました。五〇〇〇年前の煉瓦版の話をするというので、「えーっ、ギルガメシュじゃないの？」ったら、そのお父さんでした。「ギルガメシュにお父さんいたの？」って思いましたが、お父さんがいるの当然でしょうけれどね。でも、歴史上では知らないけれど、その本では有名なギルガメシュのお父さんと書いてあるんです。なんとか王子の冒険というんです。やっぱり岩波で出されました。ギルガメシュと絵が違って、もうちょっと人間的な感じの絵なんです。

目下、だからその不思議さに驚いています。それが見つかったのが二〇〇三年なんですって。イラク戦争の直前、バクダッドで見つかったんです。アメリカ人が見つけたのかな、もしその時に見つからなければ、爆撃に遭って、その王子の話はなくなっているわけでしょ。だから、その不思議さにびっくりするわけです。

六 トルストイから受けた感化

今年、そういうこと二度体験した。「一〇〇年前、へえー」っていうのとね、「二〇〇三年、へえー」なんていうのとね、イラク戦争でうまく助かったわね、みたいな不思議さがあったんで、また家へ帰って、みんなに、「ね、もうちょっと」なんて言っちゃったんだけれど、祖先もそういう昔話をなぜ子や孫にしたのか、やっぱり何かこれだけは言っておかなけりゃというような歴史的な事実、「歴史として偉い人が言うんじゃない、真相はこうよ」というのもあると思うんですよね。時間があったら言いたいんですが、先に進んで、あまったら言います。

それで興奮するもんで、ちゃんと書いて来たんです。私もメッセージを子どもに残したいんだけれど、何がメッセージかわからない。民話の中に、みんなメッセージがあるということがわかったのは、三、四年前なんですけれど、「トルストイの民話を三、四年向けに再話しないか」と言われたんです。

「ええ、そんな、トルストイが怒るわよ、トルストイの冒涜《ぼうとく》よ。私、そんなとんでもない」なんて言うと、その編集者がにやにや笑ってらしたんですけれど、「まあ、読んでみなさい」と言うの。でも、「とても駄目だ。私、ロシア語読めないし、読むとしたら大先輩の訳したトルストイ全集なんていうのを読むわけでしょう。私だったら『イワンの馬鹿』じゃなくて、イヤーン馬鹿になっちゃうわよ」（笑い）って。

もう、品のないことばっかりですが、その編集者に言わなかったのよ。ていうのは、女子パウロ会というシスターの方がやってらっしゃる出版部なんです。シスターが来て、「やんなさいよ」って言うんです。だから、イヤーン馬鹿は言わなかった。「トルストイの冒涜だから」って、それで防戦に努めたんですけれど、「読んでごらん」と言うので、ちょっと読んでみた。

私、『イワンの馬鹿』とかね、『人は何で生きるか』とかね、『どれくらいの土地がいるか』なんて、昔読んだ覚えはあるんですよ。「ああ、これかー」なんて。「あとがき」って言うんですかね、トルストイの言葉が書いてある。世界的な大文豪ですものね、あの大作の中にこそ自分があると、こっちは思うんじゃない。そうじゃなくて、「これから書くのはロシアの民話で、ロシアの人には吟遊詩人みたいな形で話を聞かせてやる人がいるんでしょうね、その人を家に呼んで聞き書きをした」って書いてあるんです。

そのお孫さんが『アンナ・カレーニナ』というトルストイの名作を読んでいるときに、トルストイお祖父さんが、「それを読むな。それより民話を読んでくれ。あの中に人間の言い伝えがあるから、そっちを読め」と言った。「へーそうか。私もそう思っていながら、なかなか怖がって近づかないんだけれど、やっぱりちゃんとするべきだ」っていうふうな決心をつけたのです。トルストイもちょっと勉強させてもらったんです。

七　マイナスの内容を伝える重要性

例えば、ドイツのグリムの民話ですけれど、「赤頭巾《あかずきん》」の話があります。赤頭巾が森の中に入って狼に遭う話ですけれど、森ではなくて、村の中にいるかぎり女の子は大人に守られて平和ですよね。その境界を一歩出たら、女の子の命なんか駄目でしょう。だから、グリムに話をしてくれたお婆さんも、「女の子は森に遊びにいってはいけません」みたいな、何かそういう祈りみたいなものがあったと思う。

一〇年ぐらい前、児童心理学者が言ったのか、お母さんたちが言ったのか、残酷な場面は子どもに必要なくて、なるべく与えない方がいいっていう説が流行ったんです。保育雑誌にリライトをたのまれ、「最後にお腹《なか》切って石つめて、それがごろたんごろたんして、川に落ちて溺《おぼ》れるなんていうのは、残酷だから止めてくれ。狼が『ごめんなさい、ごめんなさい』って謝って、ハッピーエンドにしてくれ」って。

「え、そんなことしていいの。グリム、怒んない」って思ったんです。また、グリムに話をしてくれたお婆さんの気持ちを踏みにじるわけでしょう。「そんなことできないなあ。残酷な場面ていうのも必要なんじゃないか」と思って。この頃、グリムものでも日本のものでも残酷だというのが出ているけれど、うちの子どもたちの反響を見ると、怖いとか、ぞっとする感覚じゃなく、わっという喜びみたいな、面白いという感覚なんですよ。例えば、ホットドックのフランクフルトソーセージに芥子《からし》が塗ってあったら美味しいっていう、その芥子ぐらいにしか取っていない。残酷っていうふうにとってない気がしたんで、ちょっと安心したんです。

逆に言うと、私、「そういうダークな場面、怖いとかね、人に焼き餅を焼くとか、いじめるとか、そういうマイナスの内容も子どもに言っておくべきではないか」と思ったんです。特にソフトな昔話の中の一点と言ったら、そのお話の面白さに惹《ひ》かれて、そのまま受け取り、残酷な場面も必ず子どもの心の中に入っていくわけで、もう子どもの心ってありがたいと思うんです。

例えば、林檎《りんご》。今の林檎は美味しくて、ぴかぴかでつやつやして、これを剥《む》いて、切って、いただきます。歯ごたえ、食感があって、ジューシーで甘くて、いい匂い。あれ、まるまるいただくべきですよね。だけど大人って、「林檎にはビタミンCが一個につき七ミリグラム入っている」とか、「ビタミンAもあるし、Dもある。それからリンもカルシウムもナトリウムもある」と、そういうふうに言っているでしょう。

「ビタミンC食べれば風邪《かぜ》ひかない」なんて言われると、大人って林檎食べないで、ビタミンCの錠剤飲むんじゃない。サプリメントみたいにね。美味しくもなんともないでしょ。それより林檎食べると、ビタミンCも食べられるし、その他もろもろの栄養素も入るけれど、あの新鮮なぴかぴかの林檎をまるごと食べたという満足感、あれはすごい貴重だと思うんです。

昔話もそうなんじゃないかと思う。残酷だとか何だとか言わないで、まるまる受け取ってもらう。子どもはわりとすーっと受け取ってくれるので、ちゃんと残ってんです。たぶんみなさんだってふっと何かの話を言ったとすると、ぱっと思い出されると思う。忘れてないんですよね。大脳の中の海馬《かいば》に残るんですって。それはその人の人格になるんです。だから、昔話をまるまる聞かせることですね。

ときどき子どもの場合、「おばさーん、小さいとき、恐竜いたー?」って言うんです。そんな年かしら（笑い）。ちょっとむっとするんですけれどね（笑い）、まあ、化石みたいな顔していますけれどね（笑い）。「この下掘ったらいるかもよ」って。家の庭一メートルぐらい掘ってもゴミしか出ないんですよ。でも、五〇メートルぐらい掘ると、あの辺わりと条件いいんです。住居の条件は南向け、日当たりよし。すぐ近所に縄文の住居跡があったりする。でも、私、重労働向かないから掘れないわけでしょう。あとは地下鉄が通るのを望むだけなんです（笑い）。

立原えりかさんていう童話のお友達がいるんですけれど、練馬に住んでいましたら、そこが駅になるもんですから、いい場所に替えてもらった。東京は恐竜じゃなくてマンモスがいるらしくて、日本橋の辺を掘ったときに骨が出てきたんですって。考古学者が呼ばれて入ると、本当にいたんですって。だから、私もそれをあこがれている。これまで生きているのを見たことなかったからね、そんな年じゃないから（笑い）。だけど、地下鉄さえ当たれば、私潜《もぐ》っていって触《さわ》れるでしょう。ごめんなさい、こういう井戸端会議ばかりしているんです。

八　昔話に残る昔の生活、今も生まれる民話

もう一つ、昔話読んでなくちゃ、こうはいかないと思ったことがあるんですけれど、私の父が福岡県の久留米の出身なんです。久留米と言っても、今、久留米市に編入されたんだけれども、昔は郡部で、筑後川のほとりの農村なんです。お祖母ちゃんが住んでいるので、私、行くんです。するとお祖母ちゃんが、「仏壇へ挨拶しなさい」って、連れてくんです。

仏壇の戸を開けてくれて、「こんにちは」なんて言って見ると、お位牌《いはい》の真ん中に、一つ古びて汚くて、字読めない、ちょっと削れたみたいな、骨董品《こっとうひん》のお位牌があるんです。「お祖母ちゃん、あれ、だれ？」ったら、「ご先祖様だよ、理右衛門様《りえもんさま》だよ」って言うんです。「へえ、理右衛門って言うの」って、それから、「理右衛門さん、あんた何食べてたの、好き嫌いあった？」とかね、

「何してた? 何面白かった? 泣くような辛いことあった?」なんて言うけれど、全然返事しない（笑い）。もっともお位牌が何か言ったら、私、腰抜かすでしょうけれど（笑い）。

でも、「お祖父さん、何やってたの?」と言うと、お話に、「お爺さんは山へ柴刈りに行きました」とか、「畑やって豆蒔《ま》くと、鳥がほじくりました」とか、「この瓜は明日は食べられると思って一晩寝ると、狸が来て食べちゃった」とか、そういう苦労を理右衛門さんしているわけですよね。

「お婆さんは川へ洗濯に行きました」と言うので、「ああ」なんて思っていると、うちのお祖母さん、「洗濯してくるね」って言うから、「井戸に行くか」と思って、「じゃ、私、水汲み手伝おう」と思ったら、井戸へ行かないで、門を開けて出ていくんです。「え、どこに洗濯に行くの」と思ったら、川に行くの。昔話で、川に洗濯に行くという、あれです。

このお祖母さん、明治生まれでも川で洗濯するんです。村の人たちも一緒に洗濯したり、野菜洗ったりするらしい。それで、「昔の人の苦しいという生活は、昔話の中にしかなくなっちゃったんじゃないか」と思う。いつか子どもの作文を読んだんだけれど、「お祖父ちゃんの家に行ったら、家の中に砂場がありました」。「たぶん囲炉裏のことだな」とわかりました（笑い）。「そこが昔に入るきっかけになったりして、子どもが興味を持ってくれるような行き方をさせるといいのじゃないかな」と思うんです。

今もそういう民話は生まれてるんですよ、毎日、この瞬間も。例えば、家に来る子どもに、「今、学校で何流行っている?」と聞く。これも最近のことでなくて申しわけないんですけれど、一〇年ぐらい前、その子は「トイレの花子さん」というのを教えてくれたんです。「トイレの花子さん」

のことは、センスがいいのか、面白いのか、今でもわりと言っている。同時に出た「口裂け女」はあんまり言わなくなったでしょう。「あの差は何なんだろう」と思うんですけれど。

それから、私、小学校の六年の時に、赤マントというのが出たんです。あの頃の六年生は塾なんてないから、上級学校に入りたいという人に先生が補習をしてくれるんです。すると教室に電気引っぱったりして、真っ暗なんです。私たちは勉強したくないというよりも、赤マントが怖いんです。赤マントが出てきて血を吸うと言うので、ドラキュラみたいなのです。私たちも怖くて怖くて、先生に、「今日、あの勉強止めてください」「なぜなの？」「赤マントが……」「またそんな流言飛語にだまされて」って、余計時間長くしたりしてね。

親に言っても馬鹿にしちゃって、全然相手にしてくれない。だから、あたしたちで自衛しなきゃなんない。どういうことかというと、クラスの六年生の女の子だけでその家の地図を作って、学校の近い子からおとして、一番最後が商店街の賑やかな家の子というので、そういう自衛手段をしたんです。

大人になってからふっと思い出して、「赤マントって、今では懐かしい」なんて思って。主人の妹、私とそんなに違わないんですが、五反田の辺で育って、知らないんです。「へえー、あの怖い赤マント知らないのー、出なかったのー」って。「そうすると世田谷の片田舎だけの小さい所に出ただけなのかな」と思って、ちょっとがっかりしてたの。そしたら、最近、宮部みゆきさんという売れっ子の作家が座談会で、「家の父が六年生の頃、『赤マントが怖い』って言ってました」って。もう私はやっと赤マントが市民権を得たと思って、安心したんです。

赤マントも一〇〇〇年なんて寿命なかったわけですよね。「今、生まれる民話も育て方で、一〇〇〇年後で子どもたちが面白く話してくれるようにならないかな」なんて思うんですけれど、どうでしょうね。きっとみなさんの家庭の中にもいろいろ話題があるでしょうけれど、それを書き留めておいていただくと、一〇〇〇年後まで残るかもしれませんよ。

立派な昔話の会で、変なおばさんが訳わからないことを言いましたけれど、うちの文庫、そういうふうに本当に井戸端会議ふうなんです。ちょっと心配になる方は監督に来てください（笑い）。今日はどうもありがとうございました（拍手）。

語りのライブ

秋田県雄勝郡羽後町の語り

中川文子

一　昔話を聞いた時の匂い

秋田県の羽後《うご》町というところから来ました。私は自分の爺ちゃんや婆ちゃんから、昔っこを聞いて育ちました。でも、小学校に入る頃には、もうテレビやら自家用車があった世代です。ですから、だんだん昔っこを聞く機会がなくなってしまいました。ただ昔っこを聞いて楽しかったなっていう思い出があって、爺ちゃん婆ちゃんと一緒に寝で、爺ちゃん婆ちゃんの匂いは忘れられなかったんです。

　縁がありまして、平成六年（一九九四）に秋田県羽後町にある昔語り館という所に事務職員で採用になりました。そして阿部悦《えつ》さんという素晴らしい語り手の方と出会いました。そしてその方があんまり上手で、需要に応じきれなかったので、他の人を探したんですけれどもなかなか見つからなくて、仕方ないから自分でやることになりました（笑い）。

　始めて「猿の嫁取り」を語ったら、けっこう受けたので、何だ、自分でもできるんじゃないかと思って、それから語るようになりました。

二　秋田に伝わる「三枚のお札」

　どこかに行って、「何聞ぎで」って言えば、「あの和尚《おっ》さんど小僧《こんぞ》っこの話よ」って、そう言うんです。ぜひ秋田の「三枚のお札」をお聞きください。

　むがーし昔、山のお寺さ、和尚《おっ》さんと小僧《こんぞ》っこどいだっけど。秋になって小僧《こんぞ》っこ、山さ栗っこ拾いに行《え》ったんだど。その年じょうな（というのが）栗っこ成ったおんで、大っき栗っこがらちっちゃこい（小さい）栗っこがら、えっぺ落づでらっけどな。

　小僧《こんぞ》っこよ、あら、あっつさもある、こっつさもあるって拾って行ぐうづに、ずーっと山の奥まで来つまったんだど。したば、ガサガサって音して、婆様がぬっと面《つら》出したっけど。小僧《こんぞ》っこどご見でよ、「小僧《こんぞ》っこ、小僧《こんぞ》っこ、栗っこ拾いだが。おれよ、お前《め》だのよ、あば（母親）のつれ（配偶者）のしゃで（弟）のかが（妻）の姉の叔母様だ。おめどご、べちゃこい

(幼い)時育《づぎ》てだのだー。なづがすなー。栗っこなの、おら家《え》さ来れば、えっぺ煮であるんて、今夜栗っこ食えに遊びに来い」

ってニカニカっと笑ったんだど。小僧《こんぞ》っこは面白れえして、早くこのごど和尚《おっ》さんさ教えんねーて、さあ戻るどしたば、その叔母様、

「小僧《こんぞ》っこ、必《かなら》ーず遊びに来いよ」

って、そう言って、まだニカニカって笑って、手っこ振るんだっけど。小僧《こんぞ》っこはどすめがして(急いで)お寺さ戻って、

「和尚《おっ》さん、和尚《おっ》さんたごで」

「なんしたっけな、小僧《こんぞ》っこ」

「あのよ、今日おれ、栗っこ拾いに行ったばしゃ。叔母様っちゅう人ど会って、遊びに行くはずした(約束した)」

「ないでが小僧《こんぞ》っこ、お前《め》さだら、叔母様じゅおのいねべで(というのはいないだろう)」

「したたてよ、和尚《おっ》さん、ニカニカって笑って、ないだが死んだおらのあばさ(母親に)似でるんた気する。あれなの絶対に叔母様だ」

って聞かねっけど。あまり、

「行ぐど」

ってきがねがら、和尚《おっ》さんごしゃいでまって(腹を立ててしまって)、

「なんしたって、しつくたに(そんなに)行ぎでば行ぐだ。だどもなー、小僧《こんぞ》っこ、もしものごどあれば、おご(大事)だがら、ほりゃ、ここさお札っこ三枚《さんみや》ある。これけるがらよー、もしかの時《じき》はこれ使って逃げで来いよ」

　そう言って、和尚《おっ》さん、小僧《こんぞ》っこさお札っこ三枚《さんみや》けでけだっけど。小僧《こんぞ》っこはそのお札懐さへで(入れて)、教へられだ通りに山の奥さ奥さど出かげで行ったんだど。したば、あるっけどー、山小屋っこ。戸の口さ立って、小僧《こんぞ》っこよ、

「叔母様、小僧《こんぞ》っこだ。遊びに来たど」

ってたがんだ(呼んだんだ)ど。したば、昼間の婆様、中がら出はってきて、

「いぐ来たな、小僧《こんぞ》っこ。入《ひ》ゃれ入《ひ》ゃれ、腹しぎだべ(お腹が減っただろう)」

って言うなで入ったば、座敷さまだ大っき囲炉裏《ゆりり》あって、何と大鍋かがっていい香りっこしてくるっけど。

「早ぐ早ぐ、こさねまれ(ここに座れ)、ほれ」

　そう言って、鍋の蓋《ふた》っこ、こう上げだばホワーンと湯気っこ上がったもんでよ、まんつうんめ香りっこするけどな。

「ほれほれ、食《け》え、なんぼも食《く》ったっていいなど(いいんだぞ)」

って言われで、小僧《こんぞ》っこは食った食った。腹パーンパーデクなって腹っちゃぐなったらば(お腹《なか》が一杯になったならば)ねふてぐ(眠く)なってきたっけど。

「ねふてぐなったが、小僧《こんぞ》っこ。ほら隣の座敷さ布団こ敷いでらんて、泊まっていげなー」

って、そう言われで、行ってみでば布団こ敷いでらもんでな、小僧《こんぞ》っこはよー、くたびれづまって、その布団こさくるまって、グスーっと寝ずまったんだど。

　そうして夜中になったば、雨が降ってきたふで、それが屋根っこ伝わって雨だれっこになって、

　タツッ、タツッ、タツッ、タツッど、落ちで来るけどな、

　タツッ、タツッ、タツッ、タツッ、

♪タツーン、タツーン、小僧《こんぞ》っこやー、起ーきて叔母の面見れ♪

「えっ、誰が何が言ったが」

なんてもんぞ（寝言）言って。雨だれっこ、

　タツッ、タツッ、タツッ、タツッど、落ちで来る

♪タツーン、タツーン、小僧《こんぞ》っこやー、起ーきて叔母の面見れ♪

　なんぼもそう聞げるけどな。おがす（変だ）、これだば何だがおがす、小僧《こんぞ》っこ布団がらそろっと起ぎで、這《は》って襖《ふすま》の戸まで行って、ぺっこ（少し）、ぺっこ、ぺっこ開けで隙見っこしてみだど。したばなんと先たの叔母様、口は耳まで裂けで、角出して、髪被って、

「にっくにっく鉄漿《かね》ついだがにー」

なんて鉄漿塗りしてらっけど。鬼婆だーど思って、プルプルって振るったけば、鬼婆、グリっと小僧っこの方見て、

「見だな」

「叔母様、おら、ババ（大便）出る」

「なに、ババ出る？　その布団さまげれ（布団にしろ）」

「布団さなのもってねしてまげられねた（布団にはどうしてもできないよ）」

「したら囲炉裏《ゆりり》さまげれ」

「囲炉裏《ゆりり》さらば火の神様いるがら、そちきたなさババまげれば、おら、和尚《おっ》さんにわりがえる（怒られる）もの。おら雪隠《へんち》さ行ぎで。なんずが、叔母様、おらどご雪隠《へんち》さ行がへでけで」

「なんいしたって、仕方ねごで」

　鬼婆、細引き緒っこ引っ張ってきて、グリグリど小《こん》僧《ぞ》っこどご巻いで、

「ぐぐど行ってこい」

ってドンと雪隠《へんち》さおつけで（押し付けて）やったけど。小僧《こんぞ》っこは雪隠《へんち》の中さ入るが早がどしめがして（急いで）、その緒っこほどいで、グルグルど柱さ巻いでよ、札っこ一枚はさめでな、

「札っこ、札っこ、鬼婆がよ、『出だーが、小僧《こんぞ》』って言った時《づぎ》、『まんだ、まんだ』って言ってけれ」

　手っこあわせで拝んで、木戸がらトンと降りて、暗い山道、どごまでもどごまでも逃げで行ったんだど。小僧《こんぞ》っこが出て来ねもんだがら、その鬼婆、ニックニックやってるわげだ。あまり出でこねがらさかんだ（呼んだ）ど。

「出だがー、小僧《こんぞ》」

「まーんだ、まだ」

「なにしたてまだが」

しばらぐ待っだども、まだ出はって来んね。まださかんだど。

「出だが、小僧《こんぞ》」

「まーんだ、まだ」

「ないんしたって、ワラス（子ども）のくせして長っぴり（長便所）だってほえ」

なんて言ってらわけだ。したったって出はってこんねもんだがら、ごしゃいで（腹を立てて）しまって、

「出だが、小僧《こんぞ》」

さがんだど。

「まーんだ、まだ」

「ぐぐっど出はって来い」

　その緒っこグイリ引っ張ったば、その雪隠《へんち》の柱がスポーンと抜げで来て、鬼婆のなじぎ（額《ひたい》）さガチンと当だって大きい瘤《こぶ》出はったけど。

「痛でで、このホイド（乞食）、嘘まげだな」

　鬼婆ごしゃいで、追《ぼ》っ掛げで来た、追《ぼ》っ掛げで来た。小僧《こんぞ》っこは逃げだ逃げだ逃げだ。まさがまさが、まさが鬼婆来ねべど思って、クルっと振り向いたば、手伸べれば引《し》っかかるだけになってらっけど。鬼婆だーっと思って、二枚目の札っこを取り出して、

「ここさ、大きた川出はれー」

って投げだば、水がゴヨゴヨゴヨゴヨ、水がゴヨゴヨゴヨゴヨゴヨって流れできて、大きた大きた、雄物川より大き川出はったけど。鬼婆それ見たば、

「何、こんた川なのなんともね」

　ドボンと飛び込んで、流されだって流されだって追《ぼ》って来るっけど。そのこんみゃ（その間）に小僧《こんぞ》っこは逃げだ逃げだ逃げだ。したったって鬼婆だも、その川渡っつまったわげよ。そして、

「どら待で、小僧《こんぞ》、どごまで行ったたって食ってける。どら待で小僧《こんぞ》、どごまで行ったたって食ってけるぞ」

って追《ぼ》って来た、追《ぼ》って来た、追《ぼ》って来た。小僧《こんぞ》っこは逃げだ、逃げだ、逃げだわげよ。まさが、まさがまさが、まさが鬼婆こねべなど思ったば、いだっけど、そごさ。小僧《こんぞ》っこはとうとう三枚目のお札取り出してな、

「ここさ大きた砂山出はれー」

って投げだば、ドドンと大きた大きた、鳥海山より大きい砂山出はったけど。鬼婆それ見だば、

「なにこんた山なんぞなんちょねー」

　ガガガガーって登れば、ザーってくだげる。まだガガガガガーって登れば、ザーってくだげる。そのこんめ（その間）に小僧《こんぞ》っこは逃げだ逃げだ。したば今まであったに（あんなに）真っ暗だった空が、東の方から白々と明けできて、お寺の門が見えできたけど。助かったど思って、さらった（走った）、さらった、さらった。そうして表の戸まで来て、ドドドドドン、

「和尚《おっ》さーん、和尚《おっ》さーん、鬼婆に食わえるどごだなんずが、この戸開けでけれー」

　ドドドドドン。和尚《おっ》さん、鼻いぼ（鼻風船）たらして寝ふかぎ（居眠り）してらっけど。

「和尚《おっ》さん、早ぐ、早ぐ、早ぐ、早ぐこごの戸開けでけれー」

あまりおが（たくさん）戸を叩《たた》かれだば、和尚《おっ》さん眼開げで、

「ないの騒ぎだ」

「今、おら、鬼婆に食われるどごだ。なんずが、この戸開けでけれー」

「までまで、褌《ふんどし》すめでがら」

「なえでが褌《ふんどし》でが、早ぐこの戸開けでけれ」

「まんつまんつ、着物っこを着て」

「着物などいがら早く」

「まんつまんつ、でだずっこ（もんぺ）を履いで」

「でだずっ」

「まんつまんつ、足袋を履いで、草履っこも履いで、あらっ、杖っこどごさいった」

なんて言いながらよ、なんとがかんとが表の戸まで来て、突っ張り棒はずして戸開げでけだっけど。なぼがどすめがして（急いで）来たんだが、その小僧《こんぞ》っこクルーンとちんきゃりこ（一回転）して入って来たっけど。それ見で和尚《おっ》さん、

「ほらっ、おれ言った通りだべ。叔母様なのいねって言ったけしゃよ。鬼婆だって言ったべ。んだがら年寄りの言うじょおな聞がねねんだ」

和尚《おっ》さんにわりがえで（怒られて）、そして囲炉裏《ゆりり》の側の大根穴の中さ小僧《こんぞ》っこのどご隠してけでな、和尚《おっ》さんその上さ、デラリねまってば（座ったら）、

「はあ、はあ、はあ」

鬼婆入って来たわげだ。

「坊主《ぼんず》、ほりゃ小僧《こんぞ》来たべ、出へ」

「ないでが、婆、小僧《こんぞ》なの叔母様家さ遊びに行ったきり戻って来ねた」

「ないでが人の家さ来て、まぐらうだげまぐらったば（食べるだけ食べたならば）、けっつかっちゃにして（尻を反対にして）逃げで行ったなだ。こっちゃ来たはずだ出へ」

「知らねって言《ゆ》ってるべ」

「なに、わがった、したらば、おれ探す」

そう言ってよ、鬼婆《おにばんば》、本堂がら位牌堂《いはいどう》がら、ガラガラガラガラど音立てで探しはじめだっけど。そのこんめ（間）に和尚《おっ》さん知らんねふりして、渡しっこの上さ餅っこ上げて、餅っこあぶり始めだんだど。したばその餅っこの焼けだいい香りっこが本堂がら位牌堂さ、ププププーっと匂ってってたわげだ。鬼婆、その匂いこかんだば、こんだ餅食でくて、和尚《おっ》さんのどさ来てよ、

「坊主《ぼんず》、その餅、おれさご馳走《つおう》さねが」

そうきたわげだ。

和尚《おっ》さんよ、

「ないでがしょ、ただでじょおな（ただでは）ご馳走《つおう》されねべでや」

「ほー、へば（そうすれば）何へばいっけなよー」

「んだなー（そうだなー）、おれど化げ比べして、おれより上手《じょ》だごったら、この餅おめつぁ（お前に）ご

馳走《つおう》すべた」

「ないでがしょ、じょさねべで（簡単だよ）。何さ化げればいいっけな」

「うーん、んだな、したらありったげ大きいものさ化げれだがー」

って、そう言ったばよ、

「見でれよ」

って言うが早が、

「タガズグタガズグタガズグヨー、タガズグタガズグタガズグヨー、タガタガズグズグタガズグヨー」

って、大きい大きい六尺坊主になって、和尚《おっ》さんどごグワーっと、ひと飲みするんた感じ。和尚《おっ》さん見上げですかざず、

「上手《じょ》だな婆んば、したどもありったげ、べてゃこいのさだら（小さいのになら）化げれねべ」

ったば、

「ないでがもっとじょさね（簡単だ）。見でれ」

ってそれも言うが早が、

「ヘグズグヘグズグヘグズグヨー、ヘグズグヘグズグヘグズグヨー、ヘグズグヘグズグヘグズグヨー」

って、びゃったこい（小さな）納豆豆になって囲炉裏《ゆりり》端《ばた》さコロっと転がったけど。したば和尚《おっ》さん、この時《づぎ》だど思って、あぶれだ、あっち（熱い）餅びだっとくつけで、バグって食ってしまったけど。とっぺんぱらりのぷっ（拍手）。


だいたいこういうふうなお話をしています。今日のテーマは、「絵本と昔話」ですので、みんなが知っている「三枚のお札」を語ってみました。

三　歌っこを含んだ昔話のかずかず

先ほど正部家さんが「笠地蔵」のお話をしてくれたんですけれども、私の先生の阿部悦さんは、「『笠地蔵』語ってけれー」っても、「中川さん、『笠地蔵』忘れでしまったでぁー。んだども歌っこだげ覚えでる」って言いました。「どった歌っこよ」って聞いたば、「地蔵様が爺様ど婆様さ礼返しするどって、おはだしする（お返しする）どって、橇《そり》っこ引っ張ってくるななんだっけおな。その時に、

♪爺んじだ婆んばだ寝だがでやー
今朝の笠のあっでゃ（価）、ヤンサホイサ

って引っ張ってくる」って、それを私に教えてくれました。後で絵本からそのお話を入れて語ってくれたんですけれども、今日は「笠地蔵」は歌っこだけにします。

家の婆ちゃんですけれども、私が小さいときに、「おどぎゃ（頤《あご》）の歌」ってのを歌ってくれました。ここ、さっきも言ったようになずき（頭）です。これがこのけ（眉《まゆ》）です。まなぐ（眼）ですね。ここはおどぎゃです。おとがいから来ているんですけれども。

♪おどぎゃーおどぎゃー、唇渡って、鼻の上さ行ったばー
まなぐ二つみっつけだー
まだ行ったばー、けら虫に追《ぼ》われでー
なずぎ渡って、林さ逃げだばー、茸《きのこ》二つ見っつけだ

っていう歌っこです。後年、私のお仕事にこんなに役に立つとは思わなかったんですけれども。

それと秋田県の羽後町に住んでるんですけれども、私の住んでいる所は横手盆地になっていて、寒暖の差が激しくて、食べ物も作物もたいへん美味しい所です。特にあきたこまちのお米、美味しい所なんですけれども、そういう所には今年の干支《えと》の鼠の話が良く出てきます。それでやっぱり歌っこもたくさん入ってます。「鼠が餅搗く時の歌」があるんですけれども、

♪鼠百になっても、二百になっても、猫の音おっかね
スッコンスッコンスッコンコン
年寄りねずみこうやって、手っこ振って、
♪よいやさのよいやさ、スッコンコンのスッコンコン
昔はいいもんだ、猫さえいねばおらみ世だ、ホッホー

ってお囃子しながらやるんです。

あとは「小判の虫干しの時に鼠がっぱってくる時の歌」とか、いろいろあります。

♪油屋の姉こは、ぶーらり下がったフーフ、ヨーンサホイサ

ってそういうふうに私が聞いたお話には、こいうふうな歌っこがたくさん入った楽しいお話がいっぱいあります。

私たちの住んでいる所は、作物は結構よかったので、ケガツ（飢饉）の時も食べ物がなくなるってことはなかったそうです。でもみんなはやっぱり貧乏だったので、少ししかない食べ物を分け合って、仲良く、どんちゃん騒ぎしながら生きてきたような文化です。だから今も仲良くやっています。

さっきも言ったように西馬《にし》音《も》内《ない》盆踊りとか、私は猿倉人形芝居、吉田榮楽一座の座員なんですけれども、人形まわしもやっています。是非皆さん羽後町に遊びにおざゃってたんせ。とっぴんぱらりのぷっ（拍手）。

語りのライブ

岩手県遠野市の語り(1)

菊池栄子

一　遠野に伝わる「雪女」の話

さっき叔母が言うには、「昔話は見るようにしゃべろ」って教えられたそうですけれども、私はまだ、なかなかそごまでいがねもんで、せめて聞こえるようにしゃべりたいと思います。

遠野はこれから寒くなるもんで、「昔は雪女《ゆぎおなご》がいだった」って言われるぐらいなんですけれども、その「雪女」の話をします。

昔、あったずもな。あるどごに、毎年冬になれば、山さ小屋かげで炭焼きして暮らしている父《とど》ど息子どいだったずもな。山の小屋だがら、入り口に戸づごどもねがら（戸というものもないから）、筵《むしろ》ぶらさげで戸の代わりにしていだったど。

ある日の、うんと吹雪《ふぶき》の日だったど。その筵、その吹雪ど一緒に小屋の中さばふたーんばふたーんと入《へ》っていだったずもな。それど一緒に、大っきな雪の固まり入ってきたど思って、そごにいだ童子《わらす》見でいだったずが、そごさ立ったのぁ、何もかにも美す《うづぐ》女《おなご》の人だったずもな。

その童子《わらす》、あやー、なんたら美す《うづぐ》人なんだべど思って見でいだったずが、その女《おなご》の面《つら》ぁたづまづ（急に）変わってしまったずもな。何もかにも怖ね《おんか》面《つら》になってしまったど。その童子《わらす》、あやー、あのぐれ美す《うづぐ》がったけが、なにしてこんなになったんだべど思って見でいだったず。

その女《おなご》そごさねまってら（座っていた）父《とど》の後ろさ行って、父《とど》の襟首がら、われの息フーっとかげだど。そうすっとその父《とど》ぁそごで、たづまづ凍《す》み死んでしまったずもな。あやー、おら、おんかねもの見だなど思ってらその童子《わらす》さ、その女《おなご》ぁ、

「お前《め》な、ぜってこのごど、誰さもしゃべってなんねぞ。もし一言でも誰さがしゃべったら、おめの命はねど思えよ」

って言《し》たったずが、吹雪ど一緒にその小屋出はって行ってすまったど。

それがら何十年とが月日も経って、その童子《わらす》も一人前の男になって、やっぱり父《とど》ど同じように、山さ小屋

かけで炭焼きして暮らしていだったずもな。

ある日の夕《ゆ》ま方《がた》だったど。そごさ美《うつぐ》す女《おなご》の人来たったずもな。その女《おなご》の人は、

「おれ、お前《め》さんのガガ（妻）になんねばねがら（ならねばならないから）、何とがガガにしてけろ」

って言《し》たったど。ほだどもその男《おどご》ぁ、

「おれ、こんなな暮らししてるがら、ガガも何にも貰《もら》えねがら、わがね（駄目だ）」

って言《し》たずども、

「なんたっておめさんのガガになんねもね」

って言われで、その美《うつぐ》す人、ガガにして暮らしていだったど。

何年とが月日も経って、童子《わらす》三人できだずもな。ほだどもこの女《おなご》ぁおがす（変な）ごどに、なんぼ寒くても、火ぼど（囲炉裏《いろり》）さ来てあだんねがったど。そうしていだったずが、やっぱりある吹雪の日だったど。

その男ぁ、しゃべるどもなく一言、

「あやー、あの時もこんなに吹雪の日だったなー」

ってしゃべったど。そうすっと側さねまってら、われのガガの面、たづまづ変わってしまったずもな。ずーっと昔、われ見だ女《おなご》の面《つら》そっくりになったど。その女《おなご》、

「おれ、あのぐれ、『しゃべんな、しゃべんな』って言《し》たったが、お前《め》さんとうとうしゃべったな。お前《め》さんにしゃべられだ以上、ここでお前《め》さんを殺すねばねえども、童子《わらす》三人のごど案ずるど殺しぇねー」

って言《し》たど。

「お前《め》さんにわかられた以上、おれここにいられねがら出はっていぐども、童子《わらす》三人なんとが無事におがしてけろ（育ててくれ）」

って言《し》たったずが、吹雪と一緒にその小屋出はって行ってしまったど。それがらずーもの雪女《ゆきおなご》見だなーずものは、いなぐなったんだどさ。どんどはれ。

二　「豆っこ話」

この間、島根県の出雲《いずも》がら団体さん来たったんですよ。それで最後に「どうもありがとうございました」って言ったら、帰るお客さんが「だんだん、だんだん、だんだん」って出でぐんですよ。「だんだん」ってなんなんだべなど思ったもね。そしたら最後に残った人が、「あのね、出雲の方ではね、『ありがとう』っていうことを、『だんだん』って言うんだよ」って教えてくれだったんですけどもね。

方言てわがんねもんだなど思って、遠野に来る人たちもね、ときどき、「わかりませんでした」どが、「同時通訳の方はいませんか」なんて言う人もいるんですけどもね。やっぱりこんなな感じなのがなと思いました。

次は「豆っこ話」っていうのをやります。

昔、あったずもな。あるどごに、爺様婆様どいだったど。ある時、爺様、土間《にわ》っこ掃《へ》でらずもな。そうし

たっけ、豆っこ一つ出はってきたったど。爺様、婆様さ、

「婆、婆、こりゃ、おれ豆っこ一つめっけだが、これ煎《い》ってがら黄粉《きなこ》にして食ったらなじょだ」

って言《し》ったど。婆様、

「ふんだら、そうすんべ。爺様、爺様、ほだら大っきな鍋で煎るべが、ぺっこな（小さな）鍋で煎るべが」

って言《し》たど。そうしたっけ、爺様、

「大っきな鍋で煎もしぇー」

って言《し》たど。婆様、大っきな鍋さ、そのたった一粒の豆っこ入れで、カラカラカラカラカラカラど煎ったど。そうしたっけ、その一粒の豆、鍋一杯の豆になったずもな。

「爺、爺、これ搗《つ》がねまね（搗かなければならない）が、大きな臼で搗ぐべが、ぺっこな臼で搗ぐべが」

って言《し》たど。そうしたっけ、爺様、

「大きな臼で搗ぎもうせ」

って言《し》たど。

　婆様、その豆大きな臼さ入れで、トツーントツーン、トツーントツーンと搗いだど。そうしてがら、こんだその搗いだやづ、コロス（篩《ふるい》）でおろさばねがったずもな。コロスねがったど。

「こりゃ、太郎、太郎、隣さ行って、コロス借りでこじゃー」

ったど。そうしたっけ、太郎、

「おらやんたー」

ったど。

「なにしてよー」

って言《し》たっけ、

「前の口がら行けば、牛《べご》っこモーモーって鳴ぐもの。おら、おんかねがらやんた」

って言《し》たど。

「ほだら裏庭《かぐづ》がら行げ」

って言《し》たど。

「裏庭《かぐづ》がら行って、犬っこワンワンワンワンて鳴ぐもの。おら、おんかねがらやんたー」

って言《し》たど。

「いい、ほんだら爺様の褌《ふんどし》の端っこでおろすべす」

　その黄粉おろすに、一生懸命爺様の褌の端っこで、バーフバーフ、バーフバーフどおろしたど。したっけ、捏《こ》ね鉢《ばち》いっぺの黄粉になったずもな。

「爺、爺、これ、今夜どこさおいで寝るべ」

って言《し》たど。したっけ、爺、

「ふだなー、上さ置けば鼠に食れるす、下さ置けば猫なめるす、ええ、ほだら爺ど婆の間《えだ》っこさ置いで寝るべす」

って言《し》たど。その捏ね鉢いっぺの黄粉、爺ど婆の間《えだ》っこさ入れて寝だずもな。そうしたっけ、夜中に爺様、大っきな屁《へ》ボガーンとたれだど。そうすっと、その黄粉バフーっと飛んでって、向い山の葉っこさみんなくっついですまったずもな。笹っこさくっついでしまったど。

　爺ど婆ど行って、

「いやー、あったら(惜しい)、もってね(もったいない)もの」

って、ペタペタペタペタってその笹の葉っこなめったど。その笹の葉っこ、爺様ど婆様なめったどごろは緑なんだど。ほんで黄粉なめ残したどごろぁ、黄色くなってんだど。それで笹の葉っこは、黄色いどごど緑のどごあるんだどさ。どんどはれ。

三 「テデッポッポ（山鳩）」の話

それでは、「テデッポッポ」の話します。

この辺は、「山鳩は『テデッポッポ、テデッポッポ』って鳴ぐー」って言うどもね、他の所でなにしたて鳴くんだが、ちょっとわがらないんですけども、おらほは「『テデッポッポ、テデッポッポ』って鳴ぐー」って言うんですよ。

なにせ今も、遠野はなんでかんで寒いどごなんですよ。「住めば都」っても言うどもね、この年になってどごさも行ぐどごねがら、すかだねがら暮らしてるぐれなもんでね。昔は凶作どが飢饉のごどを、「ガス年」って言ったったんですよ。餓死で死ぬがらね。昔は、とにかく米ができねば餓死する時代だったんですよね。今だったら米食わなくても、さまざまないろいろな物が出て食うにいがら、餓死する人もねど思うけどもね。餓死する人はねえども、病気する人はいっぱいありますよね。昔の食生活が一番いかったんでねのがなと思うんですけどね。

じゃ、その「山鳩」の話をします。


昔、あったずもな。遠野ぁ何もかにも寒いどごだがら、毎年のようにガス年が続いだごどが何年もあるんだど。そして、何も食うものねがら、山さ行ってワラビの根っこ掘って食ったり、ホドイモっこ（野生の小型山芋）掘って食ったりして暮らしていだったんだど。あるどごに、父《とど》ど母《がが》ど童子《わらす》っこどいだったずが、その父《とど》ぁ、山っぱだの畑《はだぎ》さ行って、豆種っこ蒔《ま》がねべねがったど。豆種っこ持って、山っぱだの畑さ行ったど。母《がが》、

「あどそれで豆っこ足りねごったども、後がら童子《わらす》さ持たせでやっからよ。なにせガス年で米も無《ね》がら、にぎりっこもまんまもやるごどねがら、後がら、豆種っこど香煎《こうせん》と持ってがせっからよ」

って、父《とど》送り出したど。山っぱだの畑さ行って、父《とど》一生懸命豆蒔ぎしてらずもな。さあ、家にいる母《がが》ぁ、息子さ、香煎と、

「足りねどごさ蒔げ」

って、豆種っこ持たせてやったど。童子《わらす》だがら行ぐに行ったずども、途中さ行ったっけ、美《うづぐ》す花っこいっぺ咲いでらったずもな。さあ、あれも美《うづぐ》すな、これも美《うづぐ》すなーど思って、童子《わらす》一生懸命花っことりしているうづに、豆種っこどごさ置いだが忘《わ》しぇでしまったずもな。

　さあ、一生懸命豆種っこ探したずども、とうとうその豆種っこ出はってこねがったど。その童子《わらす》ぁ、父《とど》腹へってらごったがら、香煎ばりも持って行って食しぇねまねど思って持ってった時ハ、父《とど》は何もかにも腹減って腹減って待づでも待づでも、童子《わらす》持って来ねす、とうとう餓死していだったんだど。

　それ見だ童子《わらす》ぁ、

「父《とど》、粉《こ》っこ食えー、父《とど》、粉《こ》っこ食えー」

って、一生懸命父《とど》の口さ香煎あでがったずども、なにせ死んでるもんだがら、父《とど》は一口も食えなぐなっていだったんだど。その童子《わらす》ぁ、

「父《とど》、粉《こ》っこ食えー、父《とど》、粉《こ》っこ食え」

って、一生懸命叫んでるうづに、デデポッポー、デデポッポーどなって山鳩になってしまったんだど。

　そして、里の人達《したづ》が豆蒔ぐあだりになるど、必ず里さ出はってきて、いまだに我なくした種っこ、これ、ほだべがな（そうだろうかな）、これ、ほだべがな、これ、ほだべがなって毎日食っちらして、われなぐした豆種っこ探しているんだどさ。どんどはれ。

四　「年取りたくない男」の話

「年取りたくない男」の話っていうのがあるんで、それをやります。

　昔、あったずもな。あるどごに、毎年のように、

「おれ、今年、年取りたぐねー、年取りたぐねー」

ってしゃべってる若げ者いだったずもな。今年もハ、年も押し迫って来て、一二月になったど。さあ、いよいよ年取りの晩だど。その若げ者なんじょにしたら、今年一回でもいいがら年逃れでど思ったずもな。座敷の押入の中さ隠れだり、常居《じょうい》の隅《すま》っこさ隠れだり、台所の隅《すま》っこさ隠れだりしたずども、なんたって家の中にいれば、年取るような気したずもな。

　なんじょにしたらいいがべど思ったど。戸《と》外《げ》さでも出はったらばいいがべがど思って、戸を開けで、戸《と》外《げ》眺めだずもな。そうすたっけ、畑の中にいい塩梅《あんべ》な大根穴《でえごあな》あったたずもな。その若げ者、あそごの大根穴《でえごあな》さ行って隠れだら、今年一つでも年逃れんにいど思ったど。そごの大根穴《でえごあな》さ行って隠れだずもな。

　いよいよ除夜の鐘も聞けるあだりだど。どっからが誰がヒタヒタヒタど歩って来るずもな。その若げ者、誰なんだべど思って、大根穴《でえごあな》がら面《つら》出して見だど。そうしたっけ、お年神様、大っきな背負《しょい》ハキゴ(背負い籠)さ、いっぺ年入れで背負って来たずもな。白《しれ》ぇ髭《ひげ》おがして（生やして）、白装束で、ぎっしり年詰めだ背負《しょい》ハキゴを背負って来たど。なにせ昔は家族いっぺなもんだがら、あっちの家さ一〇、こっちの家さば一五、こっちの家さば八っつって、一軒一軒年置いで歩って、全部置いで歩ったずもな。

　やー、やー、やー、今年の役目も終わりだなど思って、後ろの背負《しょい》ハキゴ見だど。そうしたっけ、何だが勘定

間違いしたふんで、今年、年残ってらったずもな。あやー、この年なんじょにしたらいがんべな、持って帰るわげにもいがねすど思って、眺めだど。そうしたっけ、畑の中にいいあんべな大根穴《でぇごあな》あったったずもな。いい、あそごさ持ってって投げるべど思って、その大根穴《でぇごあな》さ来て、背負ってら背負《しょい》ハキゴ降ろして、けっちゃにして（反対にして）けっつ（尻）パンパンパンとはでで（叩《たた》いて）、一つも年残さねで、まだそれを背負って、やーやー、今年の役目も終わりだじぇど思って、スッタスッタスッタど帰って行ったずもな。

　次の朝間、みんなして、

「今年も良い正月だな」

って雨戸開けるあだりだど。どごがで誰が、

「助けでけろじゃー、助けでけろじゃー」

って叫んでらったど。その辺りの人達《したづ》、なんたらまんつ正月早々、誰、何助けでけろだべなーど思って、みんなして畑の方眺めだど。そうしたっけ、その大根穴《でぇごあな》がらだったずもな。まんつあんなな大根穴《でぇごあな》がら、誰、何助けでけろだべど思って、みんなして行ってみだど。そうしたっけ、何もかにも、白髪頭《しらがあたま》のもそもそど髭おがした爺様、大根穴《でぇごあな》がらも上がれねで、

「助けでけろー、助けでけろー」

って叫んでらったど。よぐよぐど見だっけ、いっつも、「年取りたくねー、年取りたくねー」って言《へ》ってる若げ者だったど。年ずものはたどえ橋の下にいでも年はとるんだど。ほだがら、「取りたぐねー、取りたぐねー」ってすんねで、毎年、年は一つずつ重ねでいぐもんなんだどさ。どんどはれ。

　この間、家族で見えだお客さんがいだったんですけれども、私、河童の話をすんべど思ってらったら、「おばあちゃーん」って言うがら、「どうしたの」って言ったら、五つぐらいの子と小学校ぐらいの男の子と、あとご夫婦だったんですけれども、「なにしたのー」って言ったら、「僕、今日ね、遠野から河童釣って来んだよ」って言うんですよ。

　それで、「餌、何持って来たの」って聞いだら、「僕、家から胡瓜《きゅうり》を持って来ました」って言ってました。河童は胡瓜が好きみたいです。「釣れるどいいね」って言ったら、「僕、絶対釣って行くんだよ」って言うがら、「だら、絶対釣って帰ってよ」って言ってやったけども、後の報告はながったがらね、釣れだが釣れねが、さだがでないんですけども。

「そんなことがあっだ」って話したら、盛岡がら来たお客さん、「こねだそう言えば、『遠野で河童釣れだ』って、日報さ載ってだっけ」って言われだけども、もう三分ぐらいだそうですから、あらがだ終わりみでな感じだな（拍手）。

語りのライブ

青森県中津軽郡西目屋村の語り

成田キヌヨ

一　六人兄弟の末っ子に生まれて

今は十和田市という所に住んでますけれども、生まれは、今、白神《しらかみ》山地でご存じの西目屋《にしめや》村という、青森県でも一番人口の少ない村なんですけれども、とっても山奥の村で生まれました。

六人兄弟の一番末っ子で、母が四五の時の生まれで、姪が同じ年なんですよ。死ねばいい、死ねばいいど思っても死なないで育ったそうです。よく従姉妹の人が、「前《め》、婆《ばば》のしなび乳飲んで育ったして、ほったにおがんね（なかなか成長しない）」って、よく言われました。そのとおりだと思います。

私も、まさかこのようにして昔っこ語るなんて、夢にも思わなかったんです。主人が亡くなってから、主人の友達が青森県の文芸協会っていうのをやってまして、「目屋の山奥で生まれだって、なんか、話っこ覚《おべ》えでねのが」ってことになりました。

そういえばこったのも聞いだ、こったのも聞いだって思い出しながら語りましたら、「や、そったの少し残しておぐべし」って。そういうことで、人前でこういうこと、やったごどなかったです。ただ家に来て、テープにとって、そういうのでやりました。

その時、「昔っこって、今もう本当に芝居をやるように上手にみんな語ってるんですけれども、そういう真似しないで、どうでもいいがら、聞いだとおりそのまんまの格好で語ってけろ」っていうことでね、なんぼが語らせでもらいました。

津軽弁で、とっても聞きにくいと思います。さきほど「猿と蟹」の話っこありましたでしょう。青森県の私たちの生まれた村の方でも、やっぱり「猿と蟹」の話っこありました。それを一つ。

二　津軽に伝わる「猿と蟹」

猿と蟹とけやぐ（盟友）になったど。猿ど蟹どけやぐになって、したっけ、村の人どみんな餅搗いで食ってるの見で、やー猿、

「蟹、蟹、一つ餅搗いて食うべしよ」

ったど。

「餅搗いて食うったって、猿よ、あれぇ田起ごして、苗っこ植えで、ああいうふうになって、やっと米になって餅になるんだよ」

って。

「うん、それやるべし、やるべし」

っつごどになって、春、今度田打ちすることになったど。今は機械でやるけども、昔はみんな手で起ごさねばなくて。そしたら猿が、明日《あした》がら田打ちするっつ時に、

「蟹、蟹、わ（私は）、手ぇさ豆出はって鍬《くわ》持だれねんだも。おめなんとがして頑張って田起ごしてけろじゃ」

っつごどになったど。

「いや、仕方ねだら、わ、田打ちすべ」

って、蟹、一生懸命田打ちして。

そのうちに今度は、田さ水入れで、代掻ぎするごどになった。

「いや、わ、足さ豆出はって破れで水さ入られね。なんとがお前《め》頑張ってけろじゃ」

仕方ね、蟹まだ一人して代掻きして田植えだづ。

さあ田の草取るてば、

「腰痛くてかがまれねじぇ、頼むじぇ」

さあ、稲刈るってば、

「そわで（捻挫《ねんざ》で）腕痛くて稲刈られね」

とうとう春がら秋まで蟹一人して、田打ちがら米にするまで一人して稼いだづ。

そのうちに今度は秋になって、米穫れるようになって、

「さあ、いよいよ餅搗いで食うべし」

っつごどになったっけ、そしたら猿、

「おらほにいい臼ある」

持ってきて。なにこれや、一生懸命稼いだって。二人でやったごどになってるし、なんとかして蟹をだまして、わ（自分）一人でこの餅、食《か》れねべがど思って考えて、

「蟹、蟹、ほだらな、山の上さ臼背負って行って、あっこで餅搗いで、そんで臼転がして、その餅拾って食った人の得にすべ」

って。いやー、だって今まで稼いで、猿がらこんた話されたってなーど思ったたって、

「まあ、えがべ（いいだろう）、そやそすべす（そのようにしよう）」

と言うので、二人して山の上さ臼持ってって、餅搗いで。

餅搗けだころになったっけ、猿ぁ、

「蟹ー、この臼を山の下まで転ばして、ともかく餅拾った人、誰さもけねで食うごどにすっか」

っつごどになったんだって。蟹、いやー猿づのは、悪知《わるぢ》恵《え》すって、このごどだ、わ（自分）で餅よ、拾って食えるもんでねえなど思って、

「仕方ね、今まで頑張ったって、来年というごどあらあねって、いがべえね。今、ここにいて喧嘩したって

西目屋村の生家は茅葺きの家で、馬も同居していました。土間の上が2階、馬小屋と板敷庭の上がマギでした。板敷庭は作業所であり、マギは子どもたちの遊び場、若者たちが集まる場所になりました。外には、土蔵、干し草小屋、冬場の薪小屋などがありました。家の間取りは、下記のようになります。

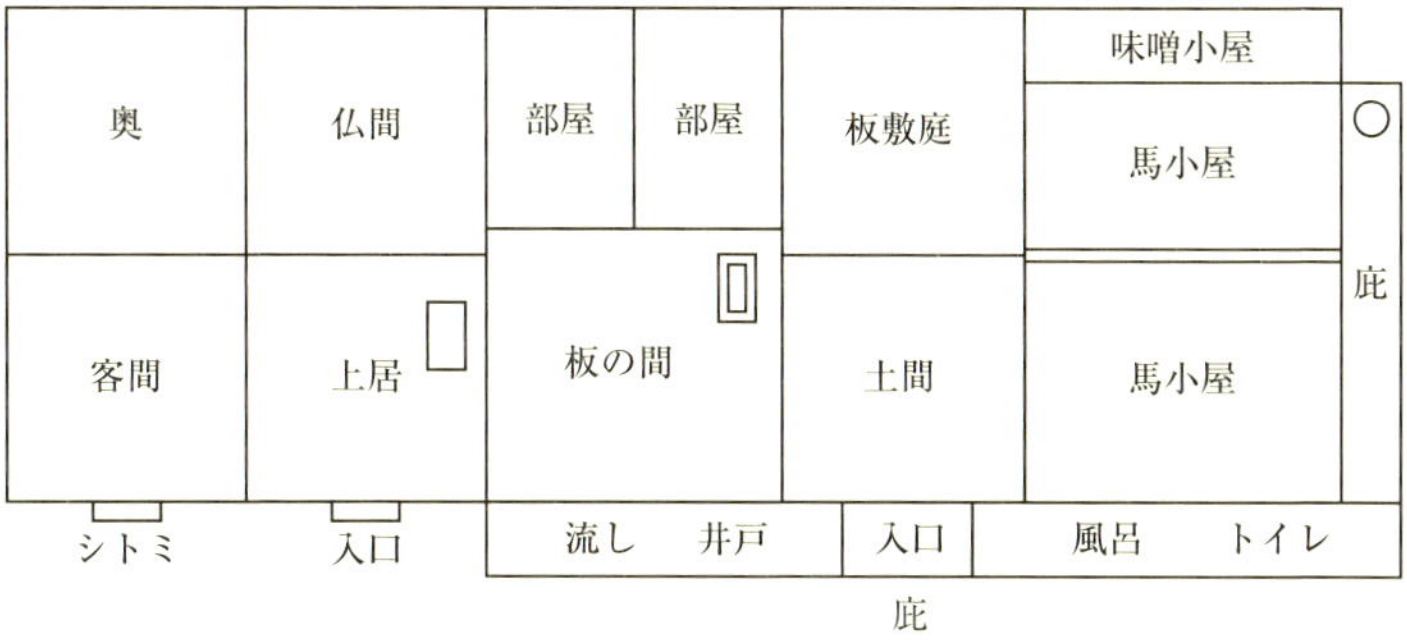

始まんねし、まあ、いがべ、そうやすべす」づので、餅、一生懸命搗いで、蟹あい取りして餅できだど。それ、今度、猿、山の上で臼をドーンと転ばしたどこで、臼が高えどごがら、ゴロンゴロン、ゴロゴロ転がって行ったべし。

蟹が、いやー、仕方ねな、この臼転んで行ったあと、下りてみんべと思って、モッサラモッサラ、モサラモサラど下りで来たづ。そしたら、なんと、草わらに、餅一臼ぶん、ゴロっとあったったづもや。やー、わ、稼いだの、神様見でらんだ、えあんべした（良かった）ど思って、そごにいで、あちこち付いだゴミっこ払って食ってらったど。

そごさ猿ぁ、そら、餅づものはねっぱる（粘る）もんだすべ、臼さきっと付いで転がってたど思って、下まで走《は》せだべし。見だどころで、何も餅ぁね。やっ、これぁ困ったごどしたど思って、転んで行った臼のあど、登ってきたら、蟹ぁ、盛んに餅食ってらど。

「やっ、お前《め》ばがりして食うってが、どら、おらさも寄こせ」

蟹を、今度は餅から引っぱって離して、自分でそれを食って。蟹ば無理に引っ張ったどごで、鋏も足も怪我してしまったど。いやー、怪我して、家さも戻られね。痛くて、

「あいーんあいーん」

って泣いでらど。

そごさ、栃転がって来たど。栃ぁ、

「蟹、蟹、お前《め》、なして泣いでだきゃ」

づがら、

「いやー、実はこういうわけで、春がら一生懸命稼いだって、こりゃ、今、猿に負げで、怪我して泣いでら」

ったっけ。

「なんて、いいぐねえ猿なんだがな。よしよし、なんてもそういうごどなんだ猿づのは、えらぐなくて（悪者で）。手伝うべ。少し仕返しすべし」

つごどになって。

　家さ戻っていだっけ、今度、臼も杵《きぎ》も来たづ。

「おらも手伝う。あの猿ぁな、みんなを困らせで、いつもずるくてずるくて、うだうだって。おらも手伝うべし」

って、そこさ織物の糸よりに使う――先ね、ちょっと曲がったコマみたいなのついだ、錘《つむ》って糸よって、クルクルクルって巻いて、糸が錘むがさって縒《よ》りかかるの――錘ってのがきて、

「わもへば（自分もそれなら）手伝う」

ということになったんだって。

　したら、今度は栃が、火ぼど（囲炉裏）の中《なが》さ入って隠れでらったど。すぐの家さ入るどごの入口の、昔は津軽の山奥では、ほら、本当に小屋みたいな所《どご》に住んでいる家がよぐありました。そして入口に筵《むしろ》下げでおいで、錘はそごの筵さささって（入って）待ってらど。栃は囲炉裏さ入って隠れでらべし、蟹は蟹で、怪我したのでなぐ、家族の者が水瓶さ入って隠れでらど。

　そごさ、猿来て、

「いやー、腹いっぺえ食ったな、美味《うま》かったなー。蟹どうしてら、わば、少しあでろじゃ（暖まれ）」

って、囲炉裏さ来て、どんとはだがって（大股を開いて）、あだったづもや。

　したら、そごさ栃が、今だーっと思って、バーンと跳ねで、猿の尻《けっつ》さびだっとついだづ。猿ぁ、

「あっあっあっつ」

って、水瓶さ尻《けっつ》ぼっと入れだっけ、蟹に尻《けっつ》挟まれだど。

「いやー、痛《い》で、殺される」

って、外《そど》さ逃げる気したっけ、筵さいた錘が、今度は頭を刺したづが、さあ、猿ぁ、痛くて痛くて、走《は》せで外《そど》さ逃げる気したら、今度は、牛《べご》の糞が入口にあったど。それさ、今度ぁ、滑って転んだどごで、立てなぐなった、ぬらぬらって。さ、庇《ひさし》さ上がってら臼と杵と、ドーンと落ちで、

「この畜生、こりゃ、今まで何ほど蟹さばり稼がせだ。今、みんなして相談して、お前《め》、こらしめに、こうやってらんだ。もうこれがら、悪いごどしながべ」

って、そしてみんなに諭されて、それがら、猿が、そった悪いごどさねようになったんだど。これで、猿と蟹のお話っこ、津軽の方では、とっつばれえーです、終わりの方は（拍手）。

　不慣れで、みなさん聞き苦しいと思います。お許しください。

まだもうちょっと時間あるようですから、もう一つ。

三「蛸釣り長兵衛と化け物」

むかーし、津軽の方では、鰺《あじ》ヶ《が》沢《さわ》とか深浦の方の日本海側と比べて、私たち生まれた山奥の村では、結局、生魚はあまり食べれなかったんです。ただ、岩木川で川さ来る岩魚《いわな》とか山女《やまめ》は捕って食べましたけど、海の魚はそんなに。ただ、乾物とか塩引きとか、そういうのを食べてました。

その頃に、鰺ヶ沢の方の、海端の若げぇ者と、津軽の目屋の山奥の若げぇ者と友達になったんだど。そのとき、鰺ヶ沢の方の若げぇ者、今、海がら取れ立ての魚背負って、山奥の若げぇ者のどごさ遊びに来たんだって。その時、みんなで、

「やー、生魚ご馳走《つそう》になるにえづも（良いことだ）」

村の人みんな集めて振る舞えっこ始まったんだど。そごさ隣に、綺麗だええ娘《めらし》っこあって、そごのお父《ど》様《さま》どお母様《がさま》ど、

「海の方の若げぇ者さ、娘でも嫁こにけだら、なんぼか、こうやって生魚ご馳走《つそう》になんにいいだがな」

って話してらっけ、その若げぇ者、なもかもその娘っこ嫁っこに欲しくなってしまったんだど。やーなんとして、この娘っこ嫁にもらったらええべど思って、いろいろ考えで、

「やー、おらぁ、海端にいで暮らしてれば、家だば、二〇間に九〇間の家だって。馬は四一匹しかいね」

ったど。それ聞いたら、ますます、その娘の親ぁ、嫁っこにけったぐなったど。どこに間口二〇間もあって、奥行き九〇間もあるったら、ただの家でながんべ。いやー、大変だ。なんたかって、その娘を呉《け》たくなって、

「いやー、なんとかしておらほの娘っこでえば、嫁っこにもらってけろ」

つごどになって、その若げぇ者も、

「いやー、だら嫁っこにもらうべ」

って、仕方なくもらうよった顔して、

「で、せば、なんてただして（聞いて）訪ねて行ったらいいべな」

って聞いたら、

「うーん、鰺ヶ沢の町さ来たら、蛸屋長兵衛って聞いてくれば、おらほ一軒つこだがら、誰でもわかる」

って言ったづ。

やー、そういうどごさば、嫁っこにけだら、村中もいい魚ご馳走《つそう》になるのいいしと思って、

「いづいづ、だら、娘連れで行ぐがら」

って、馬《ま》二匹も三匹も頼んで、嫁道具揃えで、娘を連《へ》で行ったづ。

今度鰺ヶ沢の町さ入って、

「やー、蛸屋長兵衛様の家ってどごですべぇー」

って聞けば、

「さあー、蛸屋長兵衛、聞いたごどおへんねなー」

てへすも（言ったそうだ）。まだ、少し行って、

「蛸屋長兵衛様の家ってどごですべ」

って聞けば、

「さあー、ちょっと聞いたごどおへんなー」

づど。とうとう町の外れまで行ってもまだ覚えだ人いねづ。やー、他の町だべが、見間違ったんだべがと思って。したら、外にいて草取ってら婆様あってらづも。

「婆様、婆様、蛸屋長兵衛様の家ってば、どこだー、どごあだりだべな」

って聞いたっけ、

「ははー、蛸屋長兵衛なあ、聞いたごどね。ただ、あそごの村外れの笹小屋で、半分ねっつけで（曲がって）くっつけだどごに、蛸釣り長兵衛つう若げぇ者いる」

（笑い）たど。

　やー、まっさが、そんたどごでねえべど思ったけども、まず訪ねて行ったら、やっとその若げぇ者、外さ出で待ってらったづもな。

　いやー、お父様《どさま》もお母様《がさま》も、村の人達《ど》も、どでんして（びっくりして）しまって、

「どやーって、こたなどごさ娘だばなんだば、大騒ぎして連《ひ》で来ておいでがれね。今こんたなほら吹きだば置いでがれねへ」

で、連れで行くごどになったんだって。見だっけ、馬四一匹つだもの、見だっけ、小屋の隅に年取ってよぼよぼづ馬一匹いだったど。馬が日中《ひじゅう》一匹だす、

「なんてほら吹いだが」

って言うと、ねじれて崩れた家を二〇間に九〇間ってほら吹いだのだったど。さあ、それを今度家《え》の人、大変だ。

「連《へ》で行く」

と言うのを、その娘っこぁ、

「あったに大騒ぎしてこごさ嫁に来て、そたどごだって家《え》さ行けば、わ（私）も恥ずかしい。おら、ともかくここで暮らす」

どなったど。なんぼ連《へ》で行くったってきかない。仕方ね、今度その娘置いで、嫁道具揃えてきたのも、そごさ置いで、まず、お父《ど》もお母《が》も泣きながら戻ったづ。

　そしたらその娘っこ、

「あんさまあんさま、長兵衛様って、いやーなんぼなんだって、こたなどごでは暮らされね。嫁に持ってきた道具も置くどごも欲しがべし。どっかそごらに空き家か何か、貸し家ながべが」

つたら、したら、

「うーん、もう少し行ったどごに、おっきい屋敷で、化け物屋敷って、だんも人暮らさねどごで、そこに家《え》っこ貸す、そこでばただでも貸すって、そこでもいいだば、借りるか」

ということになったたって。なんでもあれ、こんたどごでねで暮らして、そごさ二人で行ぐべしづ。そご借りて、まず入った。

　長兵衛だって、やっぱり飯《まま》食《か》せねばねんだ、嫁っこもらった以上。今度、毎日晩になれば海さ蛸釣りに出

はっていくづ。その間に、今度その娘っこ、その家に一人いねばね。一人っこいで、灯りつけで針仕事してらっけ、

「姉っこいだがい」

って。

「はいー」

って出はって行ったっけ、やー、目《まなぐ》どごにあんだが、口どごにあんだがわがんね、のーっぺらどした化け物、遊びに来た。したっけ、まだ、

「姉っこいだがい」

って来る。三人、それごそ毎晩げ遊びに来て、でも、一っつもその姉っこぁ、おっかなぐねど。お茶っこ出せば、いつの間にかどうやってお茶飲んでるんだが、茶碗も空になる。煎餅《せんべい》っこ出せば、煎餅もいつの間にか食ってんだが、無ぐなっている。へって、半年もなんぼも、そんたの出はってくるって、長兵衛さ教えれば、ほんたな化け物屋敷さばいられねって言《へ》ば、困るど思って教えねでいだったど。

　そして、半年、そうやってるうづに、一人ぁ、

「もう、そろそろいいんでねが」

「ううん、ほだよな」

って、三人して話っこして、なんの話してらべど思って、

「やー、あんだだづ、今度がら来ねってが。へばすげねくてまいねはんで（寂しいから）、まだ遊びにくればよごすでば」

って言《へ》ったど。

「いやー、ほんとに、おめー、たいした女《おなご》だじぇ、度胸いい、負けだ」

って。

「わーせ（私は）、井戸の中のザラ金だ。明日、朝間に長兵衛来たら、井戸替えてねが」

ったっけ、チリーっといなくなったど。もう一人が、

「ああ、ほだな、わせぁ、土間《にわ》の隅の小判だね。明日、朝間に明るくなったら、土間《にわ》の隅見でねが」

　まだいなぐなった。最後に残ったのぁ、

「やいやい、おめに負けた。おらも世の中見たくて、いつおら世の中見せでくれべがど思っていだったけども、お前《め》のお陰で灯り見にええじゃ。おら、床の間の大判だ」

って、いねぐなったんだど。

　はあ、朝間に夜あげでがら、長兵衛戻って来たして、

「実は今まで隠してらけど、こういうことがあって、したがら、とにかく井戸替えでみんべ」

って、二人で井戸さ釣瓶《つるべ》降ろして上げれば、水がみんなザラ金で、昔の一文銭だの、そしたのいっぺえ出はってくるづ。今度、土間《にわ》の隅見だっけ、土間《にわ》に、いやー、山になって小判があったったど。床の間見だっけ、まあ床の間、まんどろに光って、いやーや、まぶしいの、これなんだのって見だったら、大判だったど。

　この金づのは、やっぱり世の中さ出で、世の中を回ってはじめて金の価値がある。みんなそごさしまって隠

しておいても、金の価値がないんだって。その金の親が、世の中さ出ての、世間回りてえ、みんな買ったりそういう金を使ってもらいたくて、そういうふうに化け物になって出はってきていだった。それから、はー、一回に金持ちになった。これで、とっつばれこ。

四　津軽の「モッコ」

昔、山奥に、それこそ山から降りて来て、子どもをさらって悪さをするモッコがいだったんだて。モッコづのは、体に松脂《まつやに》を塗って砂を転がるごどで、体全体の皮膚が鉄より固くなって、槍《やり》も鉄砲も届かない。

　さあ、村の人がわらはんど（子どもたちを）家さおがれない。かと言って畑忙しいば、畑さも連《へ》でがねばね。大変で、そのモッコ退治してくれる人を探したけども、槍も鉄砲もきがねもんだごどで、誰も退治せねど。

　そごさその話を聞いで、ずっと上の方から加藤清正づ侍が来て、見だったって、それごそ皮膚がみなどこもここも松脂塗って砂で転がってるがら、本当に槍も鉄砲もきかない、どういうふうにして退治したらいがべど思って、今度は酒っこ飲ませで、そごらあだり少し歩ぐべって、今度は馬さ乗へで歩いたら、足の土踏まずってちょっとひっこんでるでしょ、そこさだけ砂も松脂も付いてなかったんだって。それを見て、足の土踏まずを突いて、そしてモッコを退治してくれたんだって。

　だから今、モッコはいないけども、やっぱりモッコづのはおっかねもんだづので、子守歌になって、今はあまり誰もうたってないけども、エンツコ（赤子の揺りかご）動かしながら、そうやって子守歌にうたいました。これが津軽のモッコの話です。これで、とっつばれです。

　モッコって私が勝手に想像したのは、モッコのコは虎だと思うんですよね。それで加藤清正が出てくると思うんですよ。今でも何かすれば、

「ほら、モッコ来るよ」

って子どもたちさね、私たちのような年寄りが言っています。それがモッコの話です。いやあ本当に取り留めのない話しました（拍手）。

語りのライブ

岩手県遠野市の語り(2)

菊池　玉

一　松崎に伝わる「母也明神」の話

私、何をやったらいいか題目決めないで、お客さんの顔ぶれ見てから決めようかと思って考えて来ました。生まれも、現在暮らしている嫁いだ所も松崎、松崎という所から出たことがないので、井戸の中の蛙です。それで松崎という所に、母也明神《ぼなりみようじん》という所があるの。そこの所の話をやりたいと思うが、よろしいでしょうか。昔はな、米というものは陸《おが》で、ということは畑で作ってらんだど。そごの話をやりたいと思う。

昔、あったずもな。昔な矢崎《やざき》集落という所に、貧乏家の爺様ど長者家の爺様ど暮らしてらんだど。そしたら、ある時、その長者家の爺様が貧乏家の爺様のどごろに行ってな、

「こりゃこりゃおめな、秋さなれば毎年毎年、『米っこ恵んでけろ』って人の家の数、門《かど》かげで歩いてるべ。これあな、米というものなる苗っこだ。この苗っこけっから、お前《め》もどごさがかごさが植えでみろ」

って、苗っこ貰《もら》ったんだんだど。

そしたば、長者家では大した広い土地というものあるが、貧乏家だものそんなな土地など買えねがら、裏側は山、前の方は川でな、年がら年中水の切れるごどのねえ、べじゃべじゃず、誰も用でもねよなぬかり水さ、その苗っこ植えたんだど。

そうしてば秋さなったらば、そっから穫れだ米の粒、粒も大きば、まんま（御飯）に煮て食てもとても美味《うめ》かったずもな。そごで貧乏家の爺様が、

「こりゃこりゃ、俺の作った米も食ってみろ。まんまに煮で食えば、なお美味《うめ》もんだ」

そうしていっつも貰ってら家さ、一つかみずつ回して歩ったずもな。そしてば、いかにも陸《おが》で作った米の粒と比べて、水の中で作った米の粒、粒も大きば、まんまに煮で食っても美味《うめ》かったずもな。それで、はあ、はあ、米どいうものぁ、陸《おが》で作るよりも水の中で作ればいいんだなど考えだんだずもな。とごろが、このぐれ広い畑さ、なんじょにして水掛けだらいいべ、そう思った人達《ひとたつ》、みんな集まって相談したんだずもな。

「ほだら米どいうものはな、陸《おが》で作るよりも、水の中

で作れば美味《うめ》え米穫れるのに、なんじょにしてこのぐれ広い所に水掛けだらよがんべ」

　相談してらば、今にもハア、あらかだあの世さ行ぐようになった爺様、よぼよぼどなって杖ついで出はって来たったずもな。その爺様、

「こりゃ、こりゃ、お前《めぇ》たつ何相談してら」

ったずもな。

「うだがら、米どいうものはなー、陸《おが》で作るよりも水の中で作れば、とっても粒も大っきぐ、まんま煮で食っても美味《うめ》えもんだが、なんじょにしてこのぐれ広い畑さ水掛けだらいいが、それ相談してら」

ったずもな。

「なんたら、こりゃ、目の前にこのぐれ大ぎな川あったら、この川止めでな、堰《せき》というもの掘って、そうして、こう水掛けでいげばいいんだ」

ったど。

「はあ」

って、堰掘って大川止《だいかわど》めだずもな。そしてばその止め、雨の降るたんびに流されで、壊されでわがね（駄目だ）がら、辺り中の人達《ひとたつ》出はって直さねばなんねがったど。その都度、

「今日はあそこの親父来んね、今日こっつの旦那殿来んね。あそこの家さ水やるな、やれ」

って、喧嘩になったずもな。

　そしてば、またある人が、

「こりゃこりゃ、朝晩会えば面《つら》見る仲間同士でな、そんなな喧嘩やってるどごでねんだ。みんなで知恵出し合って、みんなでな、仲良ーぐ考えだらよがんべじぇ」

ったずもな。

「ほだら、なんじょにしたらいべ」

ったど。そうして話してらどごろぁ、ある人が、

「あれあれあそごの所でな、ええことも悪いことも拝んでくれるイダッコ様（盲目の巫女《みこ》）いだべだら、あのイダッコ様の所さ行って、話聞いたらいいんでねが」

ったど。そうしてそのイダッコ様の所さ行って話聞ぐごどになったんだずもな。

　そしたば、そのイダッコどいうものはな、寒風《さむかぜ》ずどっから宮ノ目《みやのめ》ずどごに嫁に行ってな。昔はお産というものは家でやったもんなんだど。そうしてお産の肥立ちが悪いために、目が見えなぐなったんだずもな。目が見えなぐなったたって、われの産《な》した子どもを一人前に育てねばねえために、何をやって、このわれの産《な》した子どもを一人前に育てたらいいが、考えだあげくにイダッコの修行をやって、イダッコ様になったんだど。そうしてその娘が一人前になった。そして婿貰ったずもな。

　そしたところぁ、婿貰わねうちは良いことも悪いことも、なんでも親子で話し合いしてらものが、婿貰ってば婿となんでも話ししたり笑ったりしゃべったり。われは目が見えね者だ、余計者にされだど考えたそのお袋が、その婿憎ぐくて憎ぐくて、毎日毎日、殺したらいいべが、追《ぼ》ん出したらいいべが考えでらんだど。

そごの所さ、

「あそこの止めがなんじょにしたら壊れねように拝んでけろ」

っと、そう言われだイダッコがな、あっ、この時だな、そう思ったがら拝むふりしてがらな、

「いつそれ、いつかの丑《うし》の時刻が来たらばな、白装束にもよって（盛装して）、白い馬に乗った若者が通るがら、その若者押しぇで、そごの所に人柱に埋めればいい」

ったずもな。「人柱に若者埋めろ」ってしたって、どごの誰埋めだらいいが、とっても困ってらったんだど。そしたらその母親は、われの婿に、

「えなや、えなや、お前は俺のやっていることを見だり聞いだりしてわかるとおりな、俺は神や仏を信仰している身なんだ。夕べなお前に、『いつそれ、いつかの丑の時刻が来たらばな、白装束にもよって、白い馬は俺が必ず用意してたてておぐがら、その馬に乗ってあそこの猿《さる》ヶ《が》石川《いしがわ》の川の淵から早《はや》池《ち》峰《ね》という所にお参りに行けよ』というお告げがあった」

そう聞かせだずもな。

さあ、それ聞いだ婿殿は、何《な》して草木も眠る時刻に、神や仏をお参りに行くんだ、これはただごとではねんだな、何がかにが起きるんでねが、そう考えだ婿殿も、「神のお告げだ」って言われたがら、その日が来るのを待っていたんだど。

そして、それ、今晩だという時になって、娘と二人頭を並べて寝てる者は、娘の方に背中を向けて涙ぼろーぼろっ流して、時刻の来るのを待っていたんだど。そして時刻が来たがら、娘にわかられないように、そーっと起きで、白装束にもよってお庭に立った。いかにも母親の言ったとおり、白い馬が立ってらったど。その馬に乗って、とこっとこっど猿ヶ石川の川の淵を上がっていったずもな。

そしたら脇に寝でらその娘が、今日はエナ（若旦那。夫）の様子がおかしいど思ったがら、眠ったふりして、一睡も寝ないで、そうしてエナの様子見でらんだど。そうして、エナにわかられないように後立ってって見たらば、その止めの所さ行ったらば、

「それっ、白装束にもよった若者来た」

みんな隠れでら人達《ひとたつ》、わーっと出はって、われの旦那殿押しぇっとごでらったずもな。走しぇーでってがらに、

「何がどうでそういうことをやらねばねが、話ばりも聞かせでけろ」

話聞いだど。そしたば、

「これこれこういうわけでな、人柱になってもらねばね」

ったずもな。

それを聞いだその娘は、

「話はよぐわがったがな。どんな太い柱だって、丈夫な柱だってな、一本の柱であれば、風が吹けば飛ばされるんだ、雨が降れば流されてしまうんだ。俺は縁が

あって、このエナど夫婦になったんだもの、俺はエナが人柱になってやるんだらば、それを支える支え棒になってあげたい」

と言ってな、われも白装束にもよい、エナど二人で片手は手と手を結ぶ、片手ではお経を唱えながら、二人でそこの止めの所に身を沈めだんだずもな。

　そうして娘夫婦はそこの所に身を沈めだが、目の見えない母親は、人の声のするつど、おら家《え》の娘、どごさ行ったべな、俺の娘、なんじょになったんべ、人の声のするつど聞いて歩ったど。誰も良いことでねがら、口閉ざして聞かせる者いねがったずもな。それでもあまり泣き泣き歩ぐがら、ある人が、

「これこれこういうわげで、お前の娘はな、あそこの所でエナど二人で人柱になってもらった」

と聞かせたんだど。

　そしたらそれを聞いた母親がな、

「何という、われのやった行いというものはな、神や仏を信仰する身でありながら、こんな邪険な心を持って、世のため人のために尽くしているわげにはいがねんだ。これがらごそ真心な心に入れ替えて、世のため人のために尽くしてあげたい」

と言ってな、俺をも白装束にもよい、杖を頼りに娘夫婦が人柱になった所に、お経を唱えながら身を沈めてくれた場所なんだど。

　それで、娘夫婦の所は「堰神様」と言ってな、石の供養碑を建て、母親の所は「母也明神」という祠《ほこら》を建てて、年に一回しか回ってこない壬辰《みずのえさる》という日が来れば、矢崎集落、今の松崎という所の人達《ひとたづ》は、一年に一回だけ集まって供養し続けているために、その止めが壊れることなく、永遠に三人の人柱のお陰さんで米というもの、作ることができている場所なんだど。どんどはれ。

二　暮坪に伝わる「笹焼き蕪四郎」

　今度は上郷《かみごう》という所の暮坪《くれつぼ》という所の話です。もし皆さんよかったら、遠野の土産としてこういう物（暮《くれ》坪蕪《つぼかぶ》）を売り出しているから。

　むがーし、あったずもな。

　昔、ある所にな、なにもかにも稼ぎたくねせやみ（怠け者）な若者いだったずもな。その親達《おやたづ》が、

「こんななせやみな若者な家の辺りに置いて、辺りの人達《ひとたづ》の笑れぇ者になる。お前《め》みでなせやみな男な、この辺りさおがれね。あそごの山の炭窯《すみがま》さ小屋っこ建ててくれるがら、そごの所で暮らせ」

　山さ追い出されだずもな。

　そしてば、里の方で二年も三年もガス（凶作）が続いで、食い物が穫れなぐなったんだど。そしたば里の人達《ひとたづ》、

「食う物ねが、何食ったらよがんべ、何食《か》せだらよがんべ」

って、日増しに面色《つらいろ》青ぐなって瘦《や》せできたずもな。

　そしてばある時、その山さやった男の名前、四郎という男だったずもな。その四郎、腹ぬげらがして（腹をふくらませて）山がらぶらり、ぶらりど下りて来たったずもな。それ見だ辺りの人達《ひとたづ》、

「こりゃこりゃ、四郎四郎、お前《め》山で暮らしてで、何食ってそんなに福々しぐ太ってる。里の人達《ひとたづ》な、『食い物なくて、何食ったらいいがんべ、何食せだらよがんべ』って、みんな瘦せーで面色悪ぐなってきた。お前《め》何食ってそんなに太ってら」

　聞いだずもな。

　そしてばその四郎、にやにやど笑ってがら、

「おうお、おらな、食い物などに困らね、山に何でも食う物ある」

ったずも。

「あやー、ほだらその食う物、何があるのよ。教えろじゃー、教えろじゃ」

ったずもな。そしてばその四郎ぁ、

「何みんなかがって（いじめて）馬鹿だのせやみだのってす、おら教えったぐね、教えったぐね」

たど。

「いやいや、これこれ、四郎四郎、人というものはな、達磨《だるま》のような暮らしが続いてるんだ。達磨は何して達磨ってしゃべるがわがるが。七転び八起きでな、八回は起きるが、必ず七回は転ぶことができるんだ。だどもお前《め》だったてな、今、山で暮らしてらったって、いつかは人のためにやってれば、われも助けられること来るんだ、起きること来るんだ。良いことあったら教えろ、教えろ」

ったずもな。

「うだらば教えっからよ。稼ぎって人達《ひとたづ》な、いつでもいい、俺のいだどごさ唐鍬《からくわ》担いで上がって来《こ》」

ったずもな。

「はあ」

って上がってったど。唐鍬担いで上がっててばな、

「四郎や四郎やどごに何ある」

ったど。そしたば、

「あべあべ（行こう行こう）、来たが来たが」

って、さあ、笹立《ささだづ》だの薔薇《ばら》立《だづ》走《は》しぇあるったずもな。里にいた人達《ひとたづ》、ろぐなもの、腹の足しになるもの食ってねがら、四郎のぐれ走れねがったずもな。

「なんたらどごまで走らせんのよ、おら歩げねじぇ、どごよ、どごよ」

ったずもな。そしたらば、

「ほだらばよ、そごの笹立《ささだづ》さ火つけて焼げ」

ったったずもな。火つけて焼いたずもな。そしたば笹の葉っぱばりベラベラど燃えてしまって、根あったど。

「その根を唐鍬で一生懸命耕して根掘れ。そしてアラグにただめ（焼畑を開墾しろ）」

ったど。アラグにただんだずもな。そして日暮れそうになった。

「今日はこれで終わりだ、家さ帰ってもい」

ったずもな。それで家さ帰ったど。そしたが、三日経っても七日経っても、種蒔《ま》ぐべすどいうごどながったずもな。

　まだある人上がってってがら、

「こりゃこりゃ、四郎や四郎や、いつ種蒔ぐのよ」

ったば、四郎だーんとこうして手あぐらかいで（腕組みをして）寝でがら、

「種など蒔がなくたって生えるもんなんだ」

ったど。

「どごにして種蒔がねで生えるものあるものか。だがらお前《め》、馬鹿四郎だもな」

ったど。

「ほりゃ、ほりゃ、ほだがらおら教えったぐね。なんでも種なくても山に生えるもんだ、いいものばり生えでる」

ったずもな。

「いやいや、まいったまいった、何とか早ぐ教えでけろ、教えでけろ」

ったど。

「ほだらば、今頃芽だしたべがら行って見んべすよ」

行ったずもな。そしてば、この間アラグにただんでった所一面に、青い芽っこだして生えていだった。

「ほだらこれ何というもんだのよ。ほに生えでらな」

ったずもな。そしたらば、

「これなしちぇ（小さい）蕪どいうもんなんだ」

「はあ、何でもかんでもいいが、これなんぼ日経ったら食うにい」

ったずもな。

「十日だり半月だり経ったら、背負《しょい》ハキゴ（背負い籠）しょって上がって来」

ったど。

「はっ」

背負《しょい》ハキゴ（背負い籠）しょって上がってったずもな。そしたらば、いがにも一面に美味《うま》そうな蕪っこなってらったずもな。

「この蕪な塩で漬けて食っても美味《うめ》もんだ。生で食っても美味《うま》い。焼いで食っても美味《うめ》え。なんたにして食って美味《うま》いし、体さ大した栄養になるもんだ。これ食えば達者になる。達者になったらばな、山にはよ、里の方でガスになった時はな、スダミ（団栗《どんぐり》、楢《なら》の実）どいうものなるんだ。栃の実もなるんだ。土の中掘ればホドッコイモ（野生の小型山芋）ずものもあるもんだ。山さ来れば食い物に困ったずごどねんだ。山にはなんでもある」

ったったずもな。みんなして背負《しょい》ハキゴしょって喜んでその蕪食って、そうして家さ持ってって、辺りの人達《ひとたつ》みんなで喜んで食ったずもな。

「ほだら四郎、この蕪、名前なんて言う」

って言《し》たずもな。

「しちぇ蕪だ」

ったずもな。

「いやいや、そんなごど言ったったってわかねんだ（駄

目だ）。名前ねもねいだ（なければならないんだ）、ほだらこれ、笹焼いで生えた蕪だがら、そして四郎どいう男から教えられだがら、『笹焼き蕪四郎』ど名付けたらよがんべ」ったずもな。そしたら一人の旦那殿な、

「いやいや、山にどっこにも笹どいうものあるんだ。笹焼きとして、笹焼けばこんなもの生えるんだと。真似されるんだがら、おらの所ぁ暮坪と名ついてるもの、『暮坪蕪』と名を付けだらよがんべ」

と言ってな、今ではその暮坪蕪というものはな、暮坪《くれつぼ》蕎麦《そば》とか蕎麦の薬味、刺身のまくら、いろいろ漬け物にしても売ってるし、そして暮坪蕪、遠野の土産品として売り出してるんだとさ。どんどはれ（拍手）。

「もくもく絵本」の試み

前川敬子

一　現在ある商品のかずかず

私の所属します、もくもく絵本研究所で、なぜ木の絵本ができたのか、今までの試みをお話ししたいと思います。私たちはたった四人の主婦たちが中心になって作った合同会社でございますけれども、どうぞよろしくお願いいたします。

まず現在の商品のラインナップをご紹介したいと思います。最初にできましたのが、『だれがどすた？』というものです。これは、〈だれが〉〈どこで〉〈何を〉〈どうした〉、これが六面にそれぞれありますので、六×四乗で一二九六通りのお話が展開できます。これはアイデア商品として実用新案特許申請を出しておりまして、知育玩具としても優れたものという評価を受けています。

それから一緒に出しましたのが、昔話シリーズの『キツネとシシガシラ』です。『キツネとシシガシラ』は遠野の昔話でもメジャーではないんですけれども、暇にしていたキツネが唐の国に渡って動物たちと戦い、シシガシラを持って帰って、それが今のシシガシラになったという豪快

なお話なんです。これは個人的にとても好きなので作りました。

　この二つを最初に出しまして、次に『だれがどすた？』の英語版、『Who did What ?』を商品化しました。イラストはそのままですが、岩手大学の教育学部の英語の先生が訳してくださったもので、共同開発品の英語教材として商品化しました。

　それから今回新しくできたのが名入りサービスです。〈おんなのこが〉または〈おとこのこが〉〈あかちゃんが〉の面に、名前を入れますので、誕生日のお祝いだとか、赤ちゃんの誕生のお祝いにご注文いただき、大変好評でございます。

　それから今はいろいろ作ってはいるんですが、もう一つ、昔話シリーズとして、『トンビの染屋《そめや》』を商品化しました。だっこして読んであげると、遠野弁ができなくても、みなさん、自然に遠野の語り部になれます。

「むがーす、あったずもな。トンビ染屋してだったずもな。キジもカケスも美しぐ染めてもらったずもな」

　こんなふうにころっと手の中でころがすと、

「おれも美しく染めてもらいでって、カラス、トンビのどごさ行ったずもな」

　こんなふうに、遠野弁ができなくても何となくそんな雰囲気になる、そういうものを作りました。これからも昔話のシリーズを作って行きたいと思っております。

二 地場産品を使ったもくもく絵本

この絵本ができたきっかけというのは、実は遠野昔話ゼミナールに大変関係があるんです。平成一五年（二〇〇三）に遠野の地場産品を使ったもので何かできないかという、アイデア出しのプロジェクトが始まったんです。三〇〇以上のアイデアが出た中で、商品化できたものは少ないんですけれども、その中の一つなんです。

私の知り合いがそのメンバーの一人だったんですが、その人が、「こんなにいっぱい山があって、美しい木もあるのに、なんで木の玩具はないの？」と話をしました。その人は知的障害の子どもを療育する療育士さんの助手をしていた人なので、そういう子どもには五感を刺激する玩具が大切だと考えていたのです。匂いを感ずる、触って肌で感ずるとか、ぬくもりを感ずる、そういう触感ですね。木は木目が全部違いますが、この木目の美しさがあり、叩《たた》くといい音がしますよね。

それから舐《な》めると木もいろいろな味がするんだそうです。それで実験をしたんです。もくもくのメンバーの小さい子に、いろいろ舐めさせたところ、檜《ひのき》が大変お気に入りなんですね。そんなふうに木にも味があるとか、子どもはまず何を感ずるかというと、お母さんの目を見ますけれど、舐めますよね。おっぱいを飲みますし、そんなふうに子どもっていうのは五感というのが備わって生まれて来るんだと思うんです。中には障害を持ってる子もいるんですが、その代わりないもの以上の何かが発達するはずなんです。

そういうところで、遠野には木があって、お話もたくさんある。そして、とにかく子どもの五感を育てるような遠野らしい何かはないかと考えて、木の絵本だとなったんです。「木の絵本を作りたい」というお母さんが現れた。私も四人子どもがおりまして、来年孫が生まれるんですけれども、そういうお母さんたちが手を挙げてきたんですね。その時は六人ほど集まったんです。その時に、「木の専門の人が欲しいね」っていうことで、製材所の跡取りの若旦那に協力していただいた。商売にもつながるでしょうし、若いですから、今後の可能性を探って行きたいなということで参加してもらいました。

それから、「本当に小さい子どもがいるお母さんも必要だな」ということで、若いお母さんを誘いました。やっぱり子どもを遠野で育てる上では、そういう木の玩具とか木の絵本とか、そういうものに非常に関心が高くて、それで私たちの仲間に入っていただきまして、現在も活動しております。

しかし、いろいろ困難はありまして、すんなりとはいかなかったんです。昔話ゼミナールに小澤俊夫先生がいらしてたときなんですけれども、木の絵本というのはどう思われるかなと相談しました。私たちだけで盛り上がってもしょうがないので、商品化するというようになると、いろんな困難なことがたくさんあるだろうから、プロの目から見たらどうだろうと思って、懇親会の席でご相談したんです。

「先生、私たちお母さんたちが集まって、遠野の木を使って、遠野のお話をモチーフにした木の絵本を作りたいという考えがあるのですけれども、どう思われますか」と相談しましたところ、「それはすごいね。いいアイデアだよ。協力しますよ」と、本当に即答でお返事を頂いて、すごく勇気が湧《わ》いたんです。

それで、早速いろいろ調べました。みなさん、木の絵本ていうと、どんな形を想像されますか？やっぱり一ページ、二ページっていうふうなものですよね。私たちもそういうふうに思ってたんです。木の絵本って、そんなふうにめくるものと思ってたんです。

三　試行錯誤の末のアイデア商品

ところが遠野には合板の工場がないわけです。そうすると宮城県、青森県、いろんな所に木を運ばなければならないわけです。そうじゃなくて、地場でできるものはないのかなと、いろいろ考えたんです。

そしてメンバーの中の一人が、「本当に世に商品として出すには、ちゃんとしたデザインのものでなければならないんじゃないか」って。そこで知り合いの工業デザイナーの先生にお願いして、指導していただくことにしました。それには、県と市と商工会が一緒になって、「遠野型ビジネス支援システム」ができていて、そこで支援の資金を頂きました。先生の旅費だとか、アドバイス料だとかをこれでまかなって、それで来ていただいたんですね。安次富隆《あしとみたかし》先生という沖縄出身の方なんですけれども、とても遠野が好きな方です。

木工団地というのが青笹《あおざさ》の方にあるんですけれども、そこで勉強会を開きました。雪がさんさん降っていて、沖縄の先生は震え上がっておりましたけれども、いろいろアドバイスを頂いた中で、目から鱗ではありませんが、確かにプロのデザイナーは違うなと思いました。

「みんなが思っている一ページ、二ページってめくるような絵本だったら、私は入らないよ。木ならではの形というのがあるでしょ。一ページ、二ページは紙に任せておけばいいんですよ」って。とても少ない謝礼金だったんですけれども、「丸投げということを考えちゃ困るよ。みんなで考えていきなさい」ということでした。「今は宅配で、みんなで考えたことを送る、それに対していろんなコメントを添えてまた送るというかたちでもできるんだから、考えてきなさい」という宿題を預けられました。

私たちは、「先生に任しちゃえばできるんじゃないか」というふうに簡単に考えたんですが、違ったので、はたと考え出しました。そしたら六人が六人とも違う形で、面白いものがいっぱいできました。アイデアがたくさんあって、とても素敵な絵本ができそうだなって、われわれの中からも出てきたのです。

「じゃ、どれを第一弾商品にしようか」ということで、最初この六面体のしりとりシリーズっていうのを、メンバーの一人、松田希実《きみ》さんが考えてきたんです。ちっちゃい子を持っているお母さんは違うんです。カラフルで、とても楽しいものだったんですが、カラーで刷るとなると、印刷屋さんに任せなければならないのです。一個あたりとんでもない額になって、商品化にはちょっと難しい。しかもインクっていうのは舐めたら大変ですよね。安全なものも出てますけれども、木にカラフルなものっていうのは、子どもの安全性からいって心配な所もあります。

そのうちに、「レーザー加工っていうのもいいんじゃないか」ということで、実験的にレーザーをかけてみたら、すごく木とマッチしたものができたんです。しかもカラーではなくて、茶色の色だけが付いていているぶん、想像力が働きます。「山で」とか、「川で」って言っても、いろんな色を想像しますよね。その方が子どもにとってはいいんじゃないかということで、レーザー加工で作ることにしました。舐めても安全ですしね。

そのうちに、「しりとりシリーズはちょっと複雑過ぎて、難解なのがネックだ」ということになりましたが、「このアイデアは面白い」ということで、「この形で何か考えようよ」ということになって、豊田純一郎くんっていう唯一男の人が、「だれが、どこで、何を、どうした」ということを考えてきました。

このきっかけも、鈴木サツさんの福音館から出ている昔話の本でした。豊田くんは遠野生まれなのに、『遠野物語』を読んだこともなければ、昔話も聞いたことがないという、漫画エイジですね。若いから、『ジャンプ』とかそういうものを見て育っているわけです。「これ、面白いからちょっと見てみてよ」と貸してあげたら、「前川さん、すっげ面白《おもしれ》ぇ話いっぺあんな、遠野ってな」って言ってきたんです。「面白いでしょ、昔話って面白いんだよ」って言ったら、それから彼は開眼しました。

四コマ漫画と一緒の感覚だったと思うんですが、「女の子が、鬼ヶ島で、宝物を、見つけました」とか考えたのです。六面を使って、〈おばあさん〉の話になったり、場所が〈川で〉になったり、〈魚を〉、〈鬼を〉、〈洗濯物を〉、〈お昼を〉、〈宝物を〉、〈お姫様を〉と膨《ふく》らみました。「犬が、鬼ヶ島で、お姫様を、食べました」という残酷物語になったり、いろいろ展開していくこのアイデア商品を作ってきました。

私の方は、先程お話しした『キツネとシシガシラ』を考えて、「下手な絵ながら、こんなことを考えてきました。みんなでこれを商品化しましょう」ってことになりまして、できたのです。つるつるに磨いて、痛くないようにエッジもちゃんと取ってきれいにしてあります。これだけは職人さんにお願いしてるんです。ささくれだったりしてますと、子どもが怪我しますし、そういうことに気を遣って、これだけは磨《みが》いたり、エッジ取ったり、そういうふうなことは全部職人さんにお任せしています。

レーザー加工は、パソコンの中にデータを組み入れて、読み取ったレーザー加工機が焼いていくわけです。すごく細かい作業で、一時間に六個しかできません。一面だったらすぐ終わるんですけれど、六面ですから何回もひっくり返すのです。これは安全であるだけでなく、プリントじゃできない味わいがあります。これも丸投げすればとんでもない額になってしまうんです。

四　間伐・間伐材利用コンクール審査員奨励賞受賞

しかし、本格的に商品化を始める時には、六人から四人になってしまったんですけれども、四人で頑張りました。データを加工する者、レーザー加工機をかける者、それから商品を詰める者、発送する者、注文受ける者、たった四人で企画から製造販売まで全部やっております。そういうことで、あまり大量生産ではないってのが良さでしょうかね。

というのは、専門的にこれにかかれないんです。私も会社の経営者でして、他の仕事を持っています。松田希実さんは三人子どもがいますが、ご商売しているところに嫁いでおります。それからもう一人は、その頃、馬付き住宅のほうをやってまして、そちらのほうも大変忙しくしていました。そしてもう一人は先程話した豊田くんで、製材所の跡取りなんです。

そういうわけで、なかなかこれに専門的に取りかかれない。だけど、二年かかったんですが、二年間一〇〇回以上のミーティングをしました。一日一時間でも三〇分でも調整して、みんなで集まってミーティングしたり、その都度集まって相談して作っていったのです。

そんなわけで、「大量生産できないぶん、これはロングランで行ける商品だな」っていうことで考えました。私たちは、「遠野の子どもたちにいいものを与えたいな」とか、「遠野のことを日本中の、それから世界中の人たちにわかってもらえたらいいな」とか、間伐材を利用していますので、「山の環境保全に貢献できたらいいな」ということと、「遠野の産業が少しでも豊かになればいいな」という、この四つの願いを込めて、この木の絵本を作ったので、いっぱい儲《もう》からなくてもいいんじゃないかと思っているんです。とにかく息の長い活動をしていければいいなと思っております。

平成一八年（二〇〇六）の五月に発売して、一〇月には全国の間伐・間伐材利用コンクールで審査員奨励賞をいただいたんです。その後、安次富先生からコメントをいただいてます。それをちょっと読ませていただきます。

「事の発端は文化、遠野のお話文化を伝えていきたい。2教育、親子の関係を深めたい。3自然、間伐材の有効利用によって遠野の自然を守りたい。4経済、遠野の産業振興に役立ちたいという皆さんの思いでした。木の絵本を作れば四つの思いを同時に満たすという思いつきは非常に面白く、私もできるかできないかは別として、思いは素晴らしいと直感しました。その思いに惹《ひ》かれたのが仕事をお引き受けした最大の理由です。

デザイナーが東京からやって来たわけですから、おそらくすぐ物ができると安心なさったのではないでしょうか。まさか人に仕事を頼んで自分たちが忙しくなると思っていらっしゃらなかったのでは？　簡単なレクチャーの後に絵もほとんど描いたことがなく、物も作ったことのない皆さんが、お正月をはさんで最初に作った木の絵本の素晴らしいアイデアの数々を今でも鮮明に思い出します。実は私たちも皆さんの力で作ると言ったものの、万が一作れなかった場合に備えて、木の絵本の試作を準備していました。

その後も四苦八苦の連続だったので、二年の歳月が経過しましたが、皆さんは最後まで挫折することなく、プロの職人でもできていることの少ない、質の高い商品作りを達成することに成功しました。今改めて申し上げますが、私が指示した仕事内容や品質管理項目は一流メーカーの内容と同等です。おそらく地場産業でそれを全てクリアできている商品はほとんどないと思います。価格設定だけでも小数点下二桁《けた》まできちんと計算している工芸品は、少なくとも私が知っている限りありません。たいていどんぶり勘定です。それを皆さんが達成できたのは、実は何も知らなかったからだと思います。

物作りに経験は必要ですが、人は経験を元に判断しがちです。前例がないと言うことはやりたがらない、冒険は怖い、現状維持の方が楽だからかもしれません。しかし現状維持では何も変わらない。現状を変えたいのに冒険はできない。ジレンマですね。これが各地の地場産業の衰退につながっていると思います。

しかし冒険かどうかもわからなかった皆さんは、軽々とハードルを越えてしまいました。皆さんにとっては二年という歳月は軽々とは思わなかったと思いますが、全く新しい商品を開発する場合、プロでも通常二年以上かかるものなのです。そのぐらい時間をかけています。新商品開発は大変だと思うから、それだけ時間をかけているのかもしれませんね。皆さんは物作りは結構簡単だと思っていたから、二年で完成できたのかもしれません。面白いと思います。キューブ加工以外はデザイン材料調達から販売に至るまで、全て素人の手で作られたプロダクトは、おそらく初めてなのではないかと思います。

現在大学をはじめ私が産業振興に関わっている富山県高岡市や沖縄等で皆さんの仕事をたびたび紹介しておりますが、一様に驚かれています。またデザインを学ぶ学生たちに、前川さんや豊田さんのイラストの評判は高く、彼ら彼女らにやる気を与えています」

このような大変なお褒《ほ》めのお言葉を頂いて、私たちの大変な励みになっております。

五　三つのデザインする力が出会う

その他に、今年は大変嬉しいことがありました。岩手県の特産品コンクールが毎年行われているんですけれども、工芸の部で特産品のコンクール最優秀賞の岩手県知事賞を頂きました。これは岩手県の特産品として認められたということなんです。遠野のこういうものが認められたっていうのは、たぶん初めてだったのではなかったかと思います。

昔話を大事にしたり、木を大事にしたり、そういうものは、審査委員長さんのお話からでも、子どもの五感を育てる商品で、これは岩手ならではであるというふうに評価してくださいました。こういうことで、商売としてはなかなか難しいものはありますけれども、あきらめずに、雇用もできるようなかたちになっていけばなと思っております。

それからこれは平成二〇年（二〇〇八）に川崎市市民ミュージアムで、日本財団法人日本産業デザイン振興会との共催によって、「みんなのデザイン・グッドデザインと皆さんの生活展」というのがあって、グッドデザインができて五〇年という節目で、今までのグッドデザイン賞を一同に並べて展示して、皆さんに見ていただくという企画だったそうです。その中でグッドデザインの理事の青木四郎先生が、パンフレットの中で高く評価してくださったんです。とても嬉しかったので、少しだけ読ませていただきます。

「遠野の主婦たちが自らデザインし作り上げた木の絵本〝おはなし木《こ》っこ〟が完成しました。その一例『だれがどすた？』をご覧ください。「だれが、どこで、何を、どうした」という四つのさいころ、その六面には「犬が」「おばあさんが」という可愛いイラストが焼き印されてます。試しにこのさいころを振ってみましょう。「女の子が、田んぼで、魚を、見つけた」となります。でも「おじいさんが、海で、お姫様を、食べた」となると、さあどうでしょう。ここで意外なお話が生まれてくるのです。語り継ぐことだけが物語の楽しさだけではありませんから。

この遠野の主婦たちの活動には三つのデザインが実践されています。まず主婦たちによる木の絵本のデザイン、これは表面的に見ればささやかなものでありますが、この実践の中で彼女たちはデザインする力、冒頭で引用した一文であげれば、ある行為を望ましい予知できる目標へ向けて計画し整える能力を育てました。この自らデザインする力が自分たちの生活や地域を切り開いていく力となって発揮されていくことでしょう。

つぎに安次富さんのデザイン。形のデザインは全くしていません。彼女たちの持っている潜在的な力を引き出すことに徹しています。デザインを生むデザインと言ってよいかと思いますが、ソクラテスの産婆術を彷彿《ほうふつ》とさせます。デザインを問いかける智恵対話型の智ですが、ここで展開されてデザインをしないデザインを、デザインの本質の一端を語っているのです。

そして最後に木の絵本の利用者が繰り広げるデザインです。家族一緒に『だれがどすた?』のさいころを振ってみてください。つじつまの合わない並びが出た時こそ、子どもたちの豊かさが発揮される場面です。「おじいさんがね」と彼らの物語が始まります。要素をちょっと組み替えること、それだけで新しい想像が生まれることに気づかせてくれるのです。

実際の木の絵本はこの三つのデザインが入れ子のように重なり合っています。デザイナーのデザインであると同時に、主婦たちのデザイン、そして読み手使い手も独自にデザインをくりひろげます。使い手が語り手となって新たな聞き手を生み出します。このことがデザイナーに新しい気づきをもたらす。こうした木の連鎖はデザインならではの楽しさなのです」

ということで、いろいろためになることがありますが、こんなふうに皆さんから評価を頂いて、私たちはたくさんの方々の支援を頂いています。今、世界の皆さんと仲良しになれるものとして、『だれがどすた?』の多国語版を作っております。ハングル語、フランス語、イタリア語、中国語、ポルトガル語、英語とか、いろいろ展開しています。

遠野のことを思い出した時は、私たちのことをちょっと思い出してくだされば と思います。今日は本当にありがとうございました（拍手）。

【商品購入情報】
合同会社もくもく絵本研究所
〒〇二八―〇五二三　岩手県遠野市中央通り一〇―四
ＴＥＬ　〇九〇―七七九三―九二〇五
ＦＡＸ　〇一九八―六二―〇八五五
メール　keikom_myumyu@ybb.ne.jp
ホームページ　http://www.mokumokuehon.com/

民話のふるさとの手作り紙芝居

佐々木文子ほかグループわらべ

一　伝承遊び継承活動をして二〇年

こんにちは。今朝、早く来て、リハーサルやったんです。そしたらなんか心臓がどきどきして、どうしても今日は駄目だと思ったんですけれども、みんな一緒に舞台に上がってくれましたので、安心して始めたいと思います。

みなさんに遠野の昔話を題材にした紙芝居を作ったのを見てもらいたいと思って、ここに来ております。紙芝居を始める前に、グループわらべが何をしているのかということをちょっと話したいと思います。

私たちは遠野に伝わる昔遊びを子どもたちに伝えて行く、伝承遊び継承活動をしております。お陰様で、今年で二〇周年を迎えました。会員は一四名でございます。

平均年齢は何歳だと思いますか？　〇〇歳です。ずーっとこうして一緒にやっておりますので、みんな気心が知れております。チームワークは抜群だと自負しております。とっても楽しいグループです。

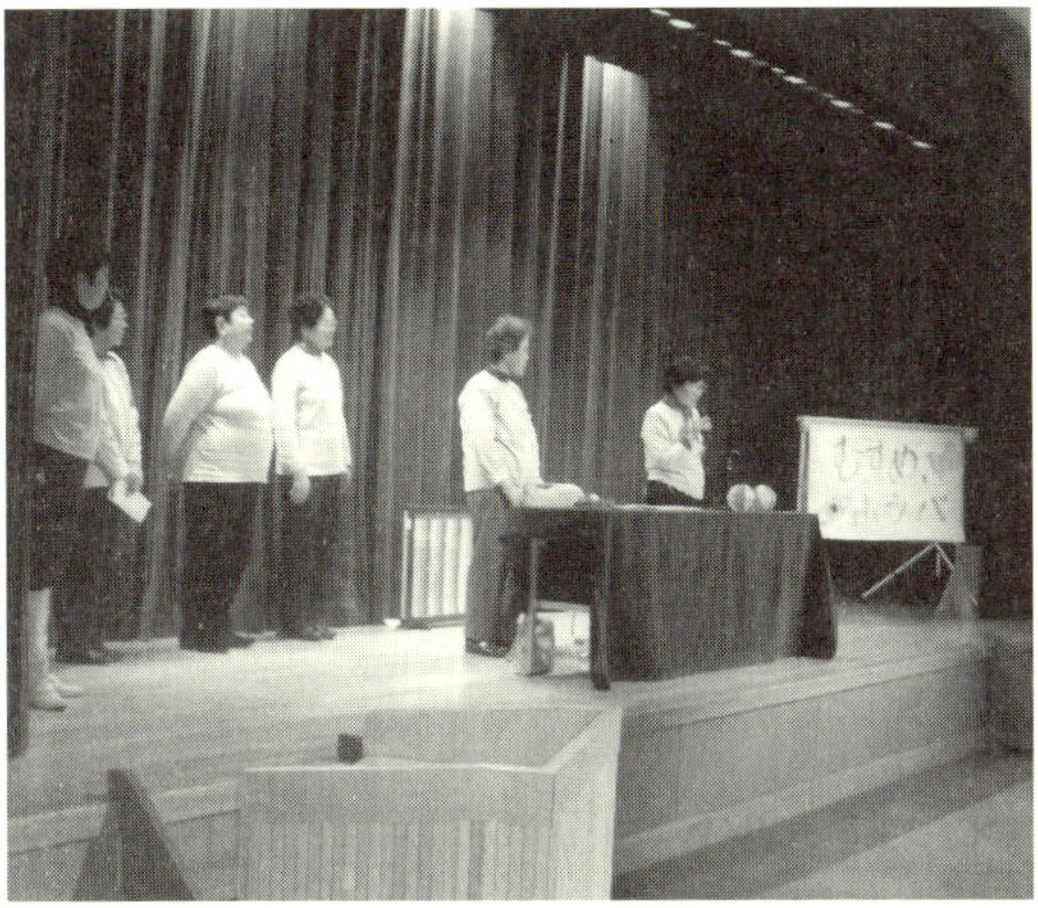

ここにぶら下がっている『むすめと山ウバ』という紙芝居は、平成四年（一九九二）に遠野で「世界民話博」っていう大きなイベントがあって、私たちはそれに参加しました。そのときに、急いで夢中で一人一枚ずつの割り当てで描いた、本当に思い出の深い財産の紙芝居なんです。

これを持って児童館とか学校とか、それから老人ホームへも行きましたけれども、私たち読み手が上手だったのか、すごく評判が良くて、これ一つではとても間にあわなくて、「どうすっぺ、まだ作るが」なんて、作り出したのがきっかけで今日に至っているんです。

遠野は民話のふるさとで昔話の豊かな地です。ですから、昔話を題材にした大型紙芝居を作っております。今日は三点ほど持ってきておりますので、みなさんに見ていただきたいと思います。

それからここに風船などが並べてありますが、私たちの日頃活動している伝承遊びの中で、小学校とか幼稚園とか、老人施設などに持って行っている主なものです。

お手玉は自分たちで縫《ぬ》っております。中は小豆です。お手玉名人もおりまして、選手権大会の審査員になっている人もこの中にいます。それから竹遊びも、これは本当に珍しくて、江戸時代から男の子の遊ぶ玩具だったそうです。これも器用じゃなきゃできないんです。もう一つは童謡のカルタです。これは老人ホームに行くと喜んでもらえるので、必ず持って行っております。

それから遠野の昔話を題材にして、ずいぶん前に作ったんですけれども、こういう小型のも作っておりますので、時間があったら読んでみたいなと思っております。

私たちは子どもたちが相手ですので、私なんか特に大人の人たちと、ちゃんとしたお話ができなくなるんですよね、こうして今日も上がってしまって……。

今、この伝承遊びは、テレビなんかの方に夢中になって、子どもたちがあんまり寄りつかないんじゃないかという心配もございますけれども、絶対そういうことはないようです。子どもさんも喜んで、私たちの持っていくものに対して一緒に遊んでくれます。それがすごく嬉しくて、平均年齢よりずーっと若く見えてるか、見えてないかわかんないけれども、パワーを貰《もら》って若い気持ちでがんばっています。

この紙芝居は、口でいう昔話でなく、耳で聞く昔話っていうふうに私たちは思ってるんですけれども、今後もこの民話のふるさと遠野の文化を次の世代につなぐことをめざして、グループのみんなで心を一つにして頑張ってやっていきたいと思います。どうぞみなさんよろしくお願いいたします。

二　紙芝居1『ビッキの上方見物』

それでは紙芝居を始めたいと思います。今回は三作を持ってまいりました。会員のメンバーの中に語り部さんがいまして、その方がみんな『遠野物語』とか遠野に関係する書物の中からとっ

てくれました。市内にはプロの漫画家さんもいるので、その方の指導を受けて、アイデアを出してもらいながら、私たちが手作りをした紙芝居です。「ビッキ（蛙）シリーズ」二作を持ってまいりましたので、最初の紙芝居は一昨年にみんなで作りました『ビッキの上方見物』というのをやってみたいと思います。

①　春先のぽかぽかとぬぐい日だったど。ビッキ、冬の間土の中で寝でらったずが、その日、目覚ましたずもな。あっちこっち見でらったずが、いい歌っこ聞こえできたったずもな。

「あいや、なんたらいい声なもんだべ。俺も一つ歌ってみんべがな」

ビッキ、歌ってみだば、ゲゴゲゴ、ゲゴゲゴどしか声出ねがったど。

②　馬方、傍さ来たったずが、「ビッキ殿、ビッキ殿、何してました」と聞いだど。

ビッキは、「いやー馬方殿、とってもいい声っこで歌っこ歌ってるがら、俺も歌ってみだども、ゲゴゲゴしか出ね。なんじょにせば、そんたにいい声になんだべ」って聞いだずもな。

したば馬方、「そんなごど、なんじょでもいいんだじゃ、おら、上方見物に行ぐどごだが、ビッキ殿も行がねますか」としゃべったど。
③　ビッキ、「ほだな、おら上方ずどご見だごどね。俺も行ってみっかな」ってしゃべったど。
したば馬方、「ほだら、俺、先さ行ってっから、後からおでれ」。馬方はまだいい声で歌っこ歌って行ってしまったど。
④　ビッキはモックラシャックラ、モックラシャックラ、バラス街道《けんどう》行ったず。行ぐが行ぐが行ったずが、段々腹の皮、バラス街道《けんどう》にこすれで、皮はげで赤ぐなって痛ぐなってしまったど。
「あや、腹の皮すれでわがんね。痛くてわがんねじゃ。これでハ、上方さ行げねな」
⑤　少し考えだず。「そうだ、人間、二本の足で歩いでる。俺も足二本あっから、立ってみだらばいいんでねべが」
ビッキ立ってみだずもな。「なんと景色はよく見えるし、気持ちいい。これだば、腹もすれね。これで歩いでみるべ」

ビッキ後ろの二本の足で歩いでみだど。なにもかにもいい気分だったど。眼《まなぐ》の見える方さドンドンドンドン歩いだずもな。行ぐが行ぐが行ったど。
⑥「あやっ、なんだが見だごどあるようだな。上方っておらの村ど同じだべが」
ビッキまだ行ったど。行けば行くっくれ見だごどあったずもな。

なんと立ったば、ビッキの眼《まなぐ》、後ろになったがら、もど来た方さ戻ってしまったんだど。もど居だ堰《せき》っこさ、出はってしまったどさ。どんどはれ。

太田宣子でした。

三　紙芝居2『あんこ餅どビッキ』

次は「ビッキ（蛙）シリーズ」の第二弾で、今月の初めにできたばっかり、まだ湯気が立ってるんですよ。ここで初めてみなさんにご紹介します。『あんこ餅どビッキ』です。
①　むがす、あったずもな。
あるどごろに婆様いだったずもな。この婆様なにもかにもあんこ餅好ぎで、いっつもあんこ餅こしぇで、一人で食っていだったんだど。

「あーぁ、うめうめ、モグモグモグモグ、うめなー」

一人で食っているもんだったど。

②「さっ、今日もあんこ餅こしぇで食んべ」
婆様あんここしぇで、餅も搗《つ》いで、美味《うま》そうなあんこ餅できたったど。

「ああ、よしよし」

ところが、「あっ、そうだった。用足しに行がねばながった。ああ忘《わ》しぇでだ忘《わ》しぇでだ。すぐったごどした（失敗した）」

③　婆様、あんこ餅さ言《し》ぇったんだど。

「あんこ餅、あんこ餅、誰が来て見だらビッキになれよ。この婆様のときだけあんこ餅でいろよな」

婆様、あんこ餅さ、よくよーく言い聞かせで、その餅ば瓶《かめ》さ入れて、蓋《ふた》っこして、戸棚の奥さ、すまったど。

④ それば隣の男、木の陰っこがら見でらったど。婆様は大急ぎで用足しさ出はって行ったど。したば隣の男ぁ、「婆様、何戸棚さ、すまったべ。ぺっこ（少し）見でみっかな」って、こそーっと入って行ったど。戸棚開けで瓶出したば、美味そうなあんこ餅いっぺ入ってらったずもな。

⑤「あいや、あんこ餅だじぇ、美味そうだなー。一つだけ御馳走《ごっつぉう》になってみっかな」

一つ食ったっけ、なにもかにも美味かったど。

「あやー、うめー、もう一つだけ」「あと一つ、もう一つ、もう一つ」と食ってるうちに、すっかりなぐなってしまったんだど。

⑥「あや、てへんだ、なんじょにすんべ（どうしよう）。ほだ、あの婆様ビッキどがって言《し》ぇってらっけがら、田さ行ってビッキおしぇで（つかまえて）入れでおぐべ」

男ぁ、苗代《なつしよ》さ行ってビッキいっぺおしぇで、瓶さ入れだずもな。元の戸棚さ隠して、さっさど家さ帰ってしまったんだど。

⑦ 婆様ハ、早く家さ行ってあんこ餅食いてど思って、急いで帰ってきたずもな。

瓶出して蓋っこ取って食んべど思ったっけ、ビッキ、ピョーンと出はってきたど。

「あいや、あんこ餅、婆だっ、婆だが、ビッキになんなくてもいい。あんこ餅でいろ。婆だでば、婆だ」

なんぼ婆様叫《さけ》んでも、ピッキ、ピョンと出はって、ピッタピッタ、ピョンと出はって、ピッタピッタ苗代《なつしよ》さ行ってしまったんだどさ。どんどはれ。

四　紙芝居3『踊鹿の狐』

① むかーしの話です。踊鹿《おどろか》の沼の辺りに、白《し》れー年寄《としよ》り狐《ぎつね》が住んでいました。人をだましたり、町から買ってきた魚っことっけしたり（取ったり）して、手余す狐だったということです。

② あるよく晴れた日のこと、彦爺は町さ用足しに行くべと、沼の所まで来ました。すると尻尾《しっぽ》の真《ま》っ白《し》れぇ、大きな狐がピシャピシャ沼で水っこ飲んでいだったど。

「手余す狐だがら、懲《こ》らしめでやんべ」

彦爺は後ろさそーっと近づいて、「わっ」と言ったど。

狐おったまげで（びっくりして）、ピョーンと飛び上がって、沼の中さダボーンと落ちてしまいました。

③「ああ、いい気味だ。いつでもおらをだましたり、いたずらばっかりするがら」

そして、彦爺は町に出掛けて行きました。彦爺は用足し終わってから、酒っこ飲んで、魚っこも買って、いい気分で帰って来ました。

「今朝はうまくやったな。狐め、山さ逃げだべ」

彦爺はいい気分で帰って来ました。

④ 沼の辺りまで来たとき、急に辺りがずっと暮れて、暗くなってきました。

「あやー、おがすな。今日、日暮れるの早《は》えな。早く家《え》さ行かねば」

彦爺は急ぎました。

⑤　村の中の細い道っこ歩いで行ぐど、前の方がら大勢の人がゾロゾロとやって来ました。
「あやーなんだべ、あー、葬式だな、悪いものに出会ったな」

彦爺は道をあけて行列を通そうと思いました。

「むじょやな（かわいそうだな）、むじょやな、むじょやなー」って、泣き声がだんだん大きくなって、行列が近づいてきました。

⑥「これ、大変だー」
彦爺は脇道さよけて入って来ました。するとなんと行列も入って来るではありませんか。「気《き》味《み》悪《わり》ー」。傍にあった木に登りました。

ところが、今度は木の下でピタッと止まった。そして和尚《おしよう》さんが鉦《かね》っこ鳴らしながら、「なんまいだー、なんまいだー、チーン」とお経を始めました。

木の根っこを掘り、死人を埋めて行ってしまいました。彦爺は木の上でブルブルブル震えていました。

⑦　彦爺は何もかもおっかなくて、「ああ、気《き》味《み》悪《わり》ー、早ぐ家《え》さ行ぐべー」と木から下りようとした。膝はガクガクブルブル。とその時、今埋めたばっかりの土がモックリモックリ中がら白《し》れ着物着た人出はって来たど。ピタ、ピタ、ピタっと木さ上がってくるではありませんか。

⑧　彦爺は怖くなって、上の方さドンドンドン上がって行きました。上の枝はだんだん細くなっていきます。

「いやー、助けでけろー」

⑨　その時、木の枝がボキンと折れてしまい、ドボーンと大きな音を立てて真っ逆さまに沼の中さ落ちて行きました。

岸に上がってみると、まだお日様が明るく辺りを照らしていました。そうして白い狐がピョンピョンピョンと山の方へ行く姿が見えたんだと。どんどはれ。

以上三作をご覧いただきましたけれど、いかがでしたでしょうか。それでは最後に会長から一言。

今日はどうもありがとうございました。次にまたお目にかかる時があれば幸いです。

第二部

昔話と絵本に寄せて

『再板桃太郎昔語』（『近世子どもの絵本集　江戸篇』より）

日本のグリム童話絵本

虎頭恵美子

一　グリム童話とは

グリム童話とは、ドイツの言語学者ヤーコプ（一七八五年―一八六三年）と古代ゲルマン文学者ヴィルヘルム・グリム（一七八六年―一八五九年）の兄弟が、民衆の間に口伝えされたメルヒェン（昔話）を主に集めて再話した作品で、原書の直訳は、『グリム兄弟によって集められた　子どもと家庭のメルヒェン集』です。

一八〇七年頃から、ドイツのカッセル市に住む中・上流階級の娘さんやフィーマンおばさんなどから、メルヒェンの聞き書きを始めました。また友人に手紙で送ってもらい、メルヒェンを収集することもありました。グリム童話には、メルヒェンが全体の四分の三をしめますが、書物から採用した話も四分の一ほどあります。ナポレオンの占領下にあった当時、ドイツの古くからのメルヒェン収集は、人々にドイツ人としての民族意識をめざめさせる役割を果したのです。

兄弟が集めたメルヒェンは、一八一二年に『グリム兄弟によって集められた　子どもと家庭のメルヒェン集』として初版第一巻八六話が出版されました。それを皮切りに、次々にメルヒェンの話数を増やし、文章にも手を加え、一八五七年には、兄弟の存命中最終版といわれる第七版が出版され、二〇〇話と子どもの聖者伝説一〇話が収められました。

初版は集めた話に兄弟で手を加えましたが、第二版からあとは、ほとんどを文学的素質の勝ったヴィルヘルムが集めて文章を整え、出版しました。日本でグリム童話といっているのは、大部分が第七版からの翻訳によるものです。

そのほかに一八一〇年のエーレンベルク手稿という、当時出版はされませんでしたが、四八話のメルヒェンがあります。これらのメルヒェンは、グリム兄弟が詩人クレメンス・ブレンターノ（一七七八年―一八四二年）の依頼により集めて送ったもので、一九世紀末にアルザスのエーレンベルク僧院で発見され、貴重な兄弟の手稿としてジュネーブに現存しています。

また一八二三年にイギリスで翻訳出版された挿絵入りの小型のグリム童話に習って、第二版のグリム童話より約五〇話を選んで出版された、「小さい版」とよばれる小型版のグリム童話が一〇版まで存在しています。

小型版のグリム童話ができたことにより、従来のグリム童話は、「大きい版」と呼ばれるようになりました。初版のグリム童話には挿絵がありませんでしたので、このイギリスで翻訳されたグリム童話は、その後のドイツでの挿絵入りグリム童話に少なからず影響を与えました。

耳で聞かれたメルヒェンを主に再話したグリム童話には、典型的な人間像が描かれています。特に、弟のヴィルヘルムは、口伝えのメルヒェンの素材の良さを失うことなく手を加え、五〇年近くもの間、人々にメルヒェンを与える努力をしました。

二〇〇五年には、グリム兄弟の手沢本である、数多くのメモ書きのある『グリム童話集』一六冊が、ユネスコの memory of the world に登録されました。

二　グリム童話の受容

グリム童話が初めて日本で翻訳されたのは、ドイツで初版が出版されてから七五年も経過した一八八七年（明治二〇）四月のことです。桐南居士《とうなんこじ》（菅了法《すがりょうほう》）が翻訳した『西洋古事神仙叢話』（集成社書店）です。そこに訳されているのは一一話のメルヒェンで、KHM（注一）二一番「灰かぶり」も訳されています。挿絵が二点はいっていますが、絵本ではありません。

日本で初めてグリム童話の絵本が翻訳出版されたのは、同年九月のことです。西洋昔噺第一号として、呉文聡《くれあやとし》が翻訳した単行本『八ツ山羊』（弘文社　明治二〇年九月　出版人長谷川武次郎虎頭蔵）です。KHM五番「オオカミと七匹の子ヤギ」の訳ですが、子ヤギの数を示す題名の「八ツ山羊」（注二）は、原文の七匹ではなく、なぜか八つ子のいる牝《めす》ヤギの話になっています。表紙の色彩は、赤、緑、茶と、今日でもその美しさを鮮明に残しています。底本については、触れていません。

呉による訳は、なめらかな文語体で全体をまとめています。ストーリーでは、オオカミが薬屋とペンキ屋を訪ねますが、原文にはなく、原文にある小売商、パン屋と粉屋は、呉訳では見られません。オオカミが子ヤギを騙《だま》して家に入ってからも、呉訳は原文とは異なり、助かった一匹の子ヤギも時計の中ではなく、暖炉の陰に隠れていて助かっています。

訳者が、当時の人々に理解してもらえるよう工夫した様子がみられます。

外国には存在するのに、日本にはない社会的階層、花、乗り物、言葉、習慣や宗教などが数多

虎頭恵美子蔵『八ツ山羊』

くありますので、その時代を生きている人々の身近なものに置き換えて、翻訳する必要があったのでしょう。

絵本には二カ所に、仕掛けがつくられています。一つは、オオカミが留守番をしている子ヤギの家の扉の所に来る場面で、扉を開くと子ヤギの姿が見えます。もう一つはオオカミが子ヤギを食べた後、昼寝をしている場面で、お腹《なか》を開くと子ヤギの姿が見えます。子どもたちを楽しませようとした、出版人長谷川の努力の様子がうかがえます。挿絵は、小林永濯《えいたく》のものでしょう、全体にヨーロッパ風な雰囲気を感じさせます。

「オオカミと七匹の子ヤギ」の訳は、上田万年《かずとし》重訳『おほかみ』（吉川半七復製第一刷　虎頭蔵）が一八八九年（明治二二）絵本として出版されています。表紙の絵および本文の挿絵は、純日本的に描かれています。牝《めす》ヤギではなく、牝ヒツジになっています。牝ヒツジと子ヒツジ及びオオカミは、どちらもみな和服姿です。画家名が明記されていませんが、挿絵は当時の日本に受け入れられるよう風土化され、身近な読み物として親しまれたことでしょう。

その後も明治期に、数々の翻訳出版が続きますが、ドイツで初版刊行後約百年を経過しても、日本ではまだグリム童話二〇〇話すべてが紹介されてはいません。地理的にドイツから遠い日本は、ヨーロッパ諸国に比べて、グリム童話の移入が大変遅かったといえます。

このほかにグリム童話を掲載した雑誌が、数多くあります。ドイツ語及びローマ字の学習を目的とした翻訳書などです。

三　グリム童話の日本での影響

明治時代より日本でグリム童話が紹介されはじめましたが、原文を読んだ翻訳者と読者との間には、かなりの隔たりがみられました。それゆえ当時の翻訳は、今以上に文章の加筆や変更、削除などにより、原書の内容を保ちながら、日本人に理解されるよう風土化せざるをえなかったと思われます。それにより人々は、新しい文化を知り、受け入れることができたのです。

呉、上田とは別に「オオカミと七匹の子ヤギ」を一八九五年（明治二八）に「子猫の仇《あだ》」という題で翻案した人に巌谷小波《いわやさざなみ》（一八七〇年―一九三三年）がいます。小波は、日本で初めて創作童話『こがね丸』（博文館）を一八九一年（明治二四）に著わした童話作家です。『こがね丸』の評判が大変よかったので、小波は博文館よりお伽噺の執筆を依頼されるようになります。そして一八九四年（明治二七）頃から『少年世界』のために、グリム童話の翻訳や翻案を手がけていきました。

「子猫の仇」には、五匹の子どものいる親猫と病犬《やまいぬ》が登場します。ストーリーの展開からは、原書の翻案とわかりますが、かなり簡略化されています。病犬の腹を切るのは、親猫の爪となっており、切った腹に泥の塊《かたまり》が詰め込まれて池に落ちるという違いがみられます。また全体をとおして、猫の鳴き声をもじった会話、「コレコレ、みんにゃ好い児《こ》だから、……」などが使われています。当時はヤギより猫や犬のほうが身近な動物だったのでしょう、挿絵も載せて親しみやすくグリム童話を紹介しています。

そのほかに小波が『少年世界』に執筆したグリム童話には、一八九六年（明治二九）「小雪姫」（KHM五三「白雪姫」）、「紡績姫」（KHM一四「糸をつむぐ三人の女」）などがあります。どちらも和服姿の挿絵で、戯曲の形式をとっています。白雪姫の小人は、大勢の一寸法師になっており、小雪姫はこの家に世話になります。一方継母の女王は、月の前といい、小雪姫が死んだと信じて疑いません。そこで何度も鏡に「誰が一番美しいか」を問うのですが、常に「小雪姫が一番美しい」と答えるので、ついにかんしゃくを起こして鏡を投げて粉みじんに砕いてしまいます。その後は、自分一人で「月の前には如《し》くものもなしと、独りで極めて居りましたとさ。」と話は終わり、これもまた簡略化されています。

小波が日本の読者に理解してもらえるように、グリム童話を自分のなかでまず咀嚼《そしゃく》して紹介した功績は、大きかったといえるでしょう。

ドイツにおいてグリム兄弟が教訓を重視して書き改めたメルヒェンは、明治期、教訓を重んじた児童文学を子どもたちに与えようとした日本側の教育方針にうまく合致したのか、数多くのグリム童話を子どもたちのほか女学生や学生に読ませることが盛んになりました。

なかでもローマ字の学習を目的としたグリム童話の挿絵付翻訳書が明治時代よりたびたび出版

されましたが、それらについても重要視しなければなりません。日本でのグリム童話の初訳は明治二〇年とされていますが、それ以前にローマ字で翻訳されている話が出版されていたからです。しかし、それらについての研究は、筆者の認識では、今日にいたるまでほとんど進んでいません（注三）。

四　大正時代の翻訳「ハンスとグレーテ」

そこで研究の途中ではありますが、ここに大正時代の挿絵入り翻訳書、ローマ字少年叢書【日の丸文庫】四・五『グリムお伽噺』（注四）（内藤豊一訳　鈴木あつし絵）に掲載されている「ハンスとグレーテ」（KHM一五「ヘンゼルとグレーテル」）の一部分を、筆者の判断で漢字、平仮名およびカタカナに置き換えて内藤訳の一端を紹介いたします。その際、表記は現代仮名遣いにしました。

カッセル　グリム兄弟博物館蔵
T.Koto 提供

ハンスとグレーテ

大きな森のそばにびんぼーなきこりが、妻と二人の子どもと四人でくらしていました。男の子はハンス、女の子はグレーテといいました。

やっと食べてゆかれるくらいでしたが、あるときこの国に大変な飢饉があったので、もーその日のごはんもいただけなくなりました。

晩に寝床の中で思案をして、心配のあまり寝がいりばかりしていましたが、ためいきをして妻にいいました。

――どーなることだろー？　わしら二人の食べるものさえないのに、かわいそーな子どもらはどーしてやしなったらいいんだろー？

妻は、

――いいことがありますよ、あなた。明日の朝起きぬけに、子どもらを連れて森の中の一番茂った所へいって、そこで火をたいてやって、それからパンをひときれずつあてがっておいて、わたしらは仕事に出かけて、二人を置きざりにするんですよ。子どもらには家へ帰る道はわからないから、これで子どもはかたがつきますよ、と答えました。

夫は、

――いけないよ、おまえ、そんなことはわたしはやめだ。子どもを森の中へ置きざりにするなんて、そんなこころにどーしてなれるもんか！　すぐにおそろしいけだものがきて、ひきさいてしまうじゃないか、といいました。

妻は、

――まあ、ばかだよ、このひとは！　そんなことをいってたら、四人とも飢え死にしなければなりませんよ。かんおけのいたでもけずってればいいんでしょー、といって、とーとー木こりをいいまくってしょーちをさせました。

——しかしやっぱりかわいそーだなー！　と夫はいいました。

二人の子どもも、おなかがすいてねつかれないでいたので、まま母がおとーさんにいったことを聞いてしまいました。グレーテは、しくしく泣きながら、ハンスにいいました。

——もーとても助かりっこないわ。

ハンスは、

——静かにおしよ、グレーちゃん！　心配することはない、ぼくがいいことをしってるから、といいました。

そして大人がねてしまうと、ハンスは起きあがってちいさな上着をひっかけ、そっと戸を開けて外へ出ました。外は月の光がさえわたって、家の前にある小石がまるで銀貨のよーにきらきらと光っています。ハンスはかがんで、小さな上着のポケットへ入るだけつめこみました。それから家へ帰って、グレーテにいいました。

——グレーちゃん、だいじょーぶだから安心しておやすみ。神様は、ぼくらをみすてはなさらないから。

そしてまたねどこへ入ってねました。夜が明けると、まだおひさまがあがらないうちからもーおっかさんがやってきて、二人の子どもを起こしました。

——さーおおき、ねぼーだねー、森へ木をきりにゆくんだよ。

それからパンをひときれずつやって、いいました。

——さー、おひるのをあげるから、それよりまえに食べるんじゃないよ、いいかい、もーあげないよ。

ハンスは石をポケットへ入れているので、グレーテがパンをまえかけの下へ入れました。そーしてみんなそろって森のほーへ出かけました。しばらくゆくとハンスは、立ちどまって家のほーをふりかえってみます。そしていくどもいくどもこんなことをします。

おとーさんがいいました。

——ハンス、なにをそんなにながめては立ちどまるんだい？　足元をよく気をおつけ。

ハンスは、

——ああ、おとーさん、ぼくの白い子猫がやねの上から「さよなら」をしているから見てるんです、といいました。

おっかさんがいいました。

——ばか！　あれはおまえの子猫じゃないよ、あれは朝日が煙だしにあたってるんだよ。

しかしハンスは、子猫を見ていたのではありません。立ちどまるたびにポケットの白い小石をひとつずつ道へ落としたのです。森の真ん中まできたとき、おとーさんがいいました。

——さー、おまえたちは木を集めておいで、おとーさんが、寒くないよーに火をたいてあげるから。ハンスとグレーテは、枯れ枝を小山ほど集めてきました。枯れ枝に火がついて、ほのおが高く燃えあがったとき、おっかさんがいいました。

——さー、おまえたちはこの火のそばにねころんでやすんでおいで、わたしたちは、森へ木をきりにゆくから。すんだらかえってきて、連れてかえるからね。（以下省略）

全文を検証したところ、ローマ字表記のためか、「おとーさん」、「おかーさん」、「どーして」、「びんぼー」、「とーとー」、「ついてる」、「知ってる」などが、発音にちかい表記となっており、本来表示すべき「おとーさん」の「とー」の上に＾印があり、「ついてる」の「る」の前に´印が記載されて、「い」の省略を示しています。

また、当該書籍の他のグリム童話では、ドイツの貨幣および長さの単位を当時の日本人のために、銭と円、尋《ひろ》で表記している点が認められました。

ローマ字表記の場合は、日本語の文字にこだわるより、内藤訳のように発音を重視したほうが読みやすいことがわかりました。実際「グリムどうわ」は、「グリムどーわ」なのですから。

このようにグリム童話は、紹介の方法は様々ですが、その後日本において大きな共感を呼び、多くの領域で取りあげられました。それは、学問やマスコミの分野にとどまらず、今日に至るまで広く注目されています。

五　メルヒェンとは何か

絵本になったグリム童話を選択する一助になるように、メルヒェンとは何かを述べます。

ドイツでは、一般に民衆メルヒェンと創作メルヒェンと区別しています。前者は、いわゆるメルヒェンで、日本でいう昔話に近いといえるでしょう。耳で聴くことを前提として語られた話で、内容は単純で抽象的です。民衆の間で自然に生まれた、まるで自然林のようなもので、作者は不明です。分布も広く世界のいたる所で同じ話を聴くことができます。

グリム童話以前のヨーロッパの源流として、一五五〇年ストラパローラの『楽しい夜』があり、それに続き一六三四―三六年バジーレの『ペンタメローネ』、一六九七年ペローの『教訓を含んだすぎし昔の物語―または小話集』（『ペロー童話集』）が、挙げられます。

それに対して後者の創作メルヒェンは、創作童話にあたります。目で読まれることを前提として書かれた話で、内容は複雑で具体的です。ある作者が書いたもので、手入れのゆきとどいた庭木のようなものです。

メルヒェンは、本来語られて伝承されてきましたから、主人公の行動にスポットライトを当て、筋をすすめていきます。三、七、百、千のように決まった数や三回の繰り返しの言葉などで、話が記憶に留められるように工夫されています。

また主人公に暖かく、脇役に冷たいのもメルヒェンの特長です。悪いことをした白雪姫の継母《ままはは》には、真っ赤に焼けた鉄のくつをはかせ、死ぬまで踊らせますし、子ヤギを食べたオオカミには、お腹を切って石を詰め込み、泉に落ちて溺れ死ぬといった制裁がきちんと与えられます。ですから善悪のコントラストも、きちんと表現しているメルヒェンでなければなりません。ただしその場面も抽象的に表現されますので、熱さにうめいたり、おなかを切られて痛がったり血が流れたりしません。まるで切り紙細工のようで、その中身は抜いて語られています。これは、文学との大きな違いといえます。

イタリアの昔話「おんどりの石」（注五）とクレメンス・ブレンターノ著創作童話『ゴッケル物語』（注六）を読み比べると、二つのジャンルの違いがよくわかります。

「おんどりの石」は、ある貧しい男が、唯一持ち合わせている財産のおんどりを売らなければならず、市場へ行きます。そこで二人の魔法使いと話がつき、おんどりを魔法使いの家まではこぶことになります。男は、途中そのおんどりの頭に福をもたらす石がはいっていて、その石を指輪にはめこむとほしいものを手に入れることができることを知ります。男は、いそいでおんどりを持って家に戻り、殺して自分の望みを叶えます。若返って王女と結婚し、一度は、魔法使いの策略で石をはめこんだ指輪を奪い取られます。しかし、ネズミたちの助けで、その指輪を再び取り返し、王と王女の待つ国へ帰ります。魔法使いをやっつけ、王国で幸せになります。その後は、指輪を決して指からはずすことはありませんでした、という昔話です。

『ゴッケル物語』は、ゴッケルとヒンケル夫妻と娘のガッケライアが古い城に住んでいます。雄鶏《おんどり》の咽喉元《のどもと》に宝石が入っていて、それは、若さでも富でも幸福でもこの世のありとあらゆる宝が望みしだい手に入る、というものです。筋の運びは、「おんどりの石」を感じさせますが、より内容は複雑で、感情などもとりいれられた物語です。最後に、王子と結婚したガッケライアの望みを指輪をまわして叶えます。望みをいい終わるか終わらないうちに、雄鶏のゴッケルがその指輪を飲み込んでしまいます。そこに居合わせた者すべてが子どもに返って野原で雄鶏をとりかこんですわり、お話をきかせてもらう、という創作童話です。

ブレンターノは、「おんどりの石」を核としてその上に幾重にも着物を着せています。自分の文学性を元の話に加えなければ、作品として完成しないと考えていたからです。この考え方は、グリム兄弟が口伝えのメルヒェンの良さを重視して手を加えたのと、大きく異なります。一五七ページにも膨らんだお話もまた非常に楽しく、読み応えがあります。

メルヒェンの意味は「小さいお話」ですが、その中身は偉大でたくさましいのです。

（注一）『子どもと家庭のメルヒェン集』の略。

（注二）呉が底本とした可能性のある、一八八七年以前に出版された英語版の「狼と七匹の子山羊」を、カッセルグリム兄弟博物館やオックスフォード大学図書館などで調査しましたが、子山羊の数が八匹という話は見つかっていません。最近、筆者はこの変更を古くから日本人になじみやすく、かつ八の概念が数の多さと末広がりの縁起の良さを表しているので、呉が翻訳の際変更したのではないかという推測に至りました。日本では、七という数は、あまり良い意味には使われていないからです（参考資料『アイドルのウエストはなぜ58センチなのか—数のサブリミナル効果—飯田朝子』（飯田朝子著　小学館二〇〇八年）。

（注三）ローマ字による翻訳資料の発見については、川戸道昭が『日本におけるグリム童話翻訳書誌』（ナダ出版センター　二〇〇〇年）においてグリム童話ＫＨＭ一五二「羊飼いのわらべ」が、一八八六年（明治一九）四月刊の『ローマ字雑誌』に掲載されたと記述している。
　また『図説児童文学翻訳大事典　第四巻』（大空社　二〇〇七年）の拙論「ローマ字グリム童話—大正期翻訳書『グリムお伽噺』について—」において、グリム童話ＫＨＭ八三「幸せハンス」、ＫＨＭ九八「物知り博士」、ＫＨＭ四七「ネズの木の話」を紹介している。

（注四）日本のローマ字社　一九一九年（大正八）一〇月一五日初版発行。一九二三年（大正一二）七月八日再版発行　カッセル・グリム兄弟博物館蔵。

（注五）『クリン王』安藤美紀夫・剣持弘子編訳　小林和子絵　小峰書店　一九八四年。

（注六）『ゴッケル物語』クレメンス・ブレンターノ著　矢川澄子訳　月刊ペン社　一九七七年。

【参考文献】

・『グリム兄弟・童話と生涯』高橋健二著　小学館　一九八四年
・『グリム兄弟のメルヒェン』ハインツ・レレケ著　小澤俊夫訳　岩波書店　一九九〇年
・『日本児童文学名作集上』桑原三郎・千葉俊二編　岩波書店　一九九四年
・『日本におけるグリム童話翻訳書誌』川戸道昭・野口芳子・榊原貴教著　ナダ出版センター　二〇〇〇年
・『図説グリム童話』虎頭恵美子編　河出書房新社　二〇〇五年
・『グリム兄弟　知られざる人と作品』ベルンハルト・ラウアー著　清水穣訳　淡交社　二〇〇六年

『大きなかぶ』とロシア昔話

齋藤　君子

一　読解力の教材、道徳教育の教材としての利用

「大きなかぶ」は昭和三〇年（一九五五）に小学校一年生の教科書に採用されて以来、日本の子どもたちに愛されてきました。五社から出ている教科書のすべてに掲載されていますので、全国の小学生全員がこの昔話を知っていることになります。そのうちの四社が内田莉莎子《りさこ》訳、一社だけが西郷竹彦訳を採用しています。このロシアの昔話が日本の学校教育の中でどのように位置づけられ、教師たちがこれを教材として子どもたちになにを教えているか、たいへん興味深いところです。

幼児教育、学校教育におけるこの教材の使われ方をインターネットで調べてみると、そこには二つの傾向があるようです。一つは読解力を身につけるための教材としての活用、もう一つは道徳教育の教材としての活用です。

前者の例の一つに長崎県のある町立小学校の研究主任のサイトがあります。そこには教師がこの話について子どもたちに発する質問が並べられています。例えば次のような質問です。

＊「かぶ」とは何ですか。

＊「たねをまく」とは、どうすることですか。
＊「おおきなかぶ」と「おおきいかぶ」は、どう違うのですか。
＊いつ頃の話だと思いますか。
＊季節はいつ頃だと思いますか。
＊なぜ、食べてもいないのに、甘い蕪《かぶ》ができたと分かるのですか。
＊「かぶ」は、何を表しているのですか。
＊語り手は、どれくらい離れていますか。

生徒の中にはかぶという野菜を知らない子もいるでしょうから、最初に「かぶ」とはなにかを尋ね、それについて説明することは必要でしょう。しかし、これらの設問の中には専門家でも答えられないものがあります。私はかぶの種蒔きや収穫の時期については知っていても、これがいつ頃の話かという質問には答えることができません。口から口へと伝えられてきた昔話の成立年代は特定できない場合が多いのです。「『かぶ』は何を表しているか」、「語り手はどれくらい離れているか」といった問いも答えに窮します。

筑波大学附属小学校のある教諭のサイトには、「たとえば低学年なら、『おおきなかぶ』の主人公は、おじいさん？　かぶ？　といった課題で、どちらかを選んで○をつけてみる」と書かれています。この課題にも私は答えることができません。

一方、この昔話を道徳教育の教材としている側ではこの昔話をこんなふうに捉《とら》えています。「みんなで力を合わせること、小さな力でも、決定的な役割を果たす可能性があるということを、この物語は伝えています」。光村図書の「おおきなかぶ」の著者であり、教育学者である西郷自身も、

「たとえ小さな弱い存在でも、その力を仲間に引き入れなければだめなのだというのがこの作品のテーマなのです」[1]と記しています。広島県立生涯学習センターの視聴覚教材の解説には次のような一文があります。「この教材は、一人でできないことでも、皆が力を合わせればできるという道徳教育の教材にも使えそうですが、愛と勇気と思いやりの心を育てることをねらいとしています」。

このような捉え方の根底には、この昔話があたかも子どもの道徳心を育《はぐ》くむために作られ、語り伝えられてきたものとする潜入観があるようです。しかし、この話は典型的な累積昔話で、繰り返しが多く、語りがリズミカルで、特殊な構造を持っています。累積昔話とは、登場人物、あるいは登場人物の行為が積み重なっていくタイプの昔話のことで、構造上、文体上独特な特徴をもっています。このジャンルの成立はきわめて古く、おそらく、人類が最初に創造した物語ジャンルと考えられます。累積昔話が幼い子どもたちに理屈抜きで無条件に受け入れられるのはそのためでしょう。素朴で純真な心にぴったりの話なのです。道徳教育を施すために作られた話ではありません。「大きなかぶ」はロシアの民衆が語り伝えてきた昔話であり、短い中に名もない民衆のさまざまな思いが語りこめられています。ここでこの昔話に語り込められている民衆の思いについて、少し考えてみたいと思います。

二　ロシアの遊戯「かぶ」と日本で初めて紹介された「蕪菁」

この昔話のテーマは大きくりっぱに育ったかぶを抜きとることであり、かぶを引き抜く動作が何度も何度も繰り返されています。そのことにいったいどんな意味があるのでしょうか。

ロシアにはかぶに限らず、大根、わさび、葱《ねぎ》などの根菜類を抜き取る動作を模した遊戯があります。「かぶ」という遊びもその一つです[2]。二人以上が鎖状《くさり》につながって「かぶ」になり、鬼役がその「かぶ」を一人ずつ引き抜いて鎖から切り離します。抜かれた子は今度は抜く側にまわります。鎖の根元にいる子を「おかあさん」とか「おばあさん」、あるいは「かぶ」、「根っこ」などと呼びます。先頭の子が木や切り株につかまる場合もあります。

これと同じような遊戯はベッソーノフの『童謡集』にも収められています[3]。一人が「かぶ」になって座り、もう一人がこれを引っぱりますが抜けません。そこで三人めが付いて引っぱるが、それでも抜けません。最後にやっと抜け、子どもたちは喜んで散っていくというものです。

こういう遊びと昔話の「かぶ」が密接な関係にあることは、この話の原話[4]の中に「一本の足」が登場するものがあることからもわかります。日本ではじめて紹介されたロシアの昔話「かぶ」がじつはこの話だったことが最近になって判明しました[5]。大正一四年（一九二五）の『鑑賞文選』八月号尋常四年生号に掲載されている「蕪菁《かぶ》」がそれです。出典は明記されていませんが、アファナーシエフ編纂の『ロシア昔話集』（初版一八五五年）から採られたものです。この『ロシア昔話集』に収められている話は語られたままを記録したもので、再話の手は加えられていません。日本の教科書に載っている話とかなり趣が異なるのはそのためです。『鑑賞文選』から全文を引用しましょう。

おぢいさんが蕪菁を蒔《ま》きました。それが育つてから、おぢいさんは抜きに来ました。蕪菁につかまつて、エンヤ〳〵と引張りましたが、抜けません。

おぢいさんはおばあさんをよびました。

おばあさんはおぢいさんに、おぢいさんは蕪菁につかまつて、エンヤ〳〵と引張りました。が、抜けません。——孫娘が出て来ました。孫娘はおばあさんに、おばあさんはおぢいさんに、おぢいさんは蕪菁につかまつてエンヤ〳〵と引張りました。が抜けません。

子犬がやつて来ました。子犬は孫娘に、孫娘はおばあさんに、おばあさんはおぢいさんに、おぢいさんは蕪菁につかまつて、エンヤ〳〵と引張りましたが、抜けません。

足（?）がやつて来ました。足は子犬に、子犬は孫娘に、孫娘はおばあさんに、おばあさんはおぢいさんに、おぢいさんは蕪菁に、つかまつて、エンヤ〳〵と引張りましたが、抜けません。

又別の足（?）がやつて来ました。別の足は足に、足は子犬に、子犬は孫娘に、孫娘はおばあさんに、おばあさんはおぢいさんに、おぢいさんは蕪菁につかまつて、エンヤ〳〵と引張りましたが抜けません。あとから〳〵と足がやつて来て、五本目の足までが来ました。五本目は四本目に、四本目は三本目に、三本目は二本目に、二本目は一本目に、一本目は子犬に、子犬は孫娘に、孫娘はおばあさんに、おばあさんはおぢいさんにおぢいさんは蕪菁につかまって、エンヤ〳〵と引張りました。やつとの事で抜けました[6]。


アルハンゲリスク県で記録された話で、この日本語訳は原典にたいへん忠実です。足のあとに疑問符が付されているところも原典のままです。この疑問符はおそらく、編者のアファナーシエフが得体の知れない足の登場にとまどって付けたのでしょう。子犬のあとに単数形の足、すなわち一本足が登場するのですから奇妙です。それも五本続けて。

この話のもうひとつの特徴は、鎖状につながった登場人物たちがかぶをひっぱる部分です。「五本目は四本目に、四本目は三本目に、三本目は二本目に、二本目は一本目に、一本目は子犬に、子犬は孫娘に、孫娘はおばあさんに、おばあさんはおぢいさんに、おぢいさんは蕪菁につかまつて、エンヤ〱と引張りました」とあるように、「引張りました」という動詞が最後にたった一度使われているだけです。ここも原話のとおりです。鎖状につながっている登場人物たちが心を合わせてひっぱる様子が目に浮かぶようです。「エンヤ〱」という擬態語は訳者が工夫して挿入したもので、原話にはありません。

アファナーシエフの昔話集に登場する、この不可解な一本足の謎はこの昔話がもとは所作を伴う遊戯歌だったと考えれば、たちどころに解消します。ロシアの昔話「かぶ」はこの遊びと共通する話だったのです。この昔話が小学校や幼稚園で子どもたちによって演じられ、盛り上がるのは、この昔話がもともと子どもの遊びだったからなのです。

三　ロシア人にとってのかぶと翻訳上の問題点

かぶはロシアでは野菜の中でもっとも古くから栽培されてきたもので、パンと魚に次ぐたいせつな食材でした。寒さに強く、他の野菜の生育に適さない寒冷地でも育つうえ、肥料も必要としません。かつて焼畑耕作をしていたロシアでは、畑を焼いたあとに最初に蒔くのがかぶの種でし

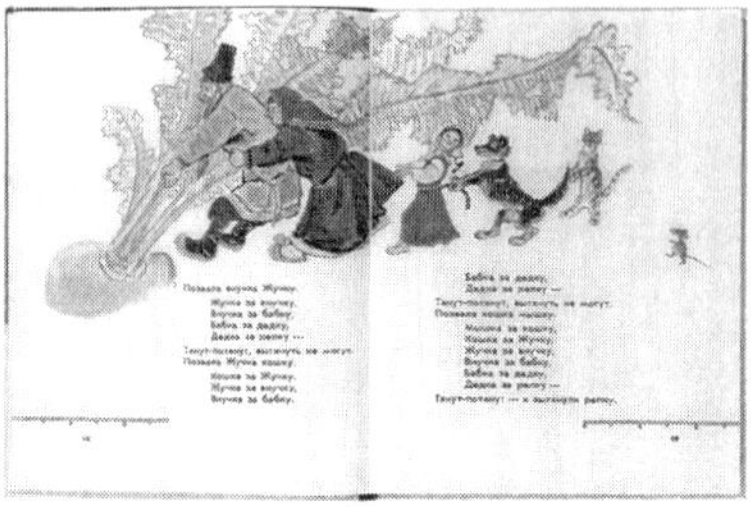

E・ラチョフ絵　モスクワ　1993 年

佐藤忠良絵　福音館書店　1966 年

た。ロシアでは根菜類が地中から引き抜かれるとき、人間の体内から病気を抜き取るとされています。ロシア人にとって根菜はそれほどたいせつな食べ物だったわけで、子どもたちに根菜を抜かせることが病魔を祓《はら》うことになると信じられていたのです。

根菜の代表格であるかぶは謎なぞや呪文にもよく顔を出します。原話の繰り返しの部分が早口言葉のようにたたみかけるような調子になっているのも、呪文とのつながりを暗示しています。しかし、日本の教科書に載っている「かぶ」は二種類とも、この繰り返しの部分が変えられています。

内田は、「ねずみがねこをひっぱって、ねこがいぬをひっぱって」というように、登場人物ごとに「ひっぱって」という動作を挿入しています。その結果、タイムラグが生じ、登場人物がいっせいに引っぱるのではなく、まるで各自別々に引っぱるかのような印象を与えています。原話の軽快なテンポも失われ、のんびりした調子になってしまっています。

西郷の方は「ひっぱって」という動作を登場人物ごとに入れるところは内田と同じですが、さらに原話から離れ、「かぶをおじいさんがひっぱって、おじいさんをおばあさんがひっぱって」というように、登場人物の列を後から前へではなく前から後ろへとたどり、最後にねずみがかぶを引っぱると抜けるというように書き変えています。かぶが抜けたのは小さなねずみが力を貸してくれたおかげなのだということを強調するためです。

　しかし、すでに見てきたように、この話はロシアの典型的な累積昔話であり、累積昔話にはきっちりとした構造があります。長くつながった鎖のリングをひとつずつたどるようにして語るのが累積昔話特有の語り方なのです。「かぶ」の場合はつながった登場人物の鎖を後ろから前へさかのぼるところにおもしろさがあります。このおもしろさは一から一〇までの数字を覚えたばかりの子が今度は逆に一〇から言ってみるときのおもしろさに似ているように思います。幼い子にはちょっと難しいのですが、だからこそ心がわくわくするのです。

　この昔話に関するもうひとつの問題は、おじいさんが「うえた」かぶの種についてです。ロシアにはこの話の原話は四話しかありませんが、そのどれを見ても「かぶ」という単語には単数形が用いられています。この老夫婦のところにはかぶの種はたった一粒しかなかったのです。たった一粒のたいせつな種だからこそ、おじいさんは土の中にしっかりと「うえた」のです。そして毎日水をやり、「大きなかぶになれ」と祈ってたいせつに育てました。

　日本の教科書ではここの部分が「うえた」ではなく、「まいた」に変えられています。これは明らかに間違いといわなければなりま

「大きなかぶ」の構成

1	O←A	Aがかぶをつかむ
2	R—B	引いてもぬけないので、Bを呼ぶ
3	O←A←B	BがAを、Aがかぶをつかむ
4	R—C	引いても抜けないので、Cを呼ぶ
5	O←A←B←C	CがBを、BがAを、Aがかぶをつかむ
6	R—D	引いてもぬけないので、Dを呼ぶ
7	O←A←B←C←D	DがCを、CがBを、BがAを、Aがかぶをつかむ
⋮		⋮
n＝0		かぶがぬける

Oはかぶ　A、B、C、Dは登場人物

（ただし、登場人物の大きさは　A＞B＞C＞D＞……）

せん。ロシアには「残りものには呪力が宿る」という言い伝えがあります。呪力が宿る、たった一粒の種だからこそ、あれほどりっぱな、大きなかぶに育ったのです。それだからこそ、そのかぶを抜いた子は元気に育つことを約束されるのです。
ロシアの昔話「かぶ」はたった一粒の小さな種が大きくりっぱに育つように、そのりっぱなかぶを大地から抜きとる子どもたちもかぶと同じようにすくすくとりっぱに育つように、そんな願いがこめられた話だったのです。

【注】

1 『西郷竹彦文芸教育著作集11』明治図書出版、一九七六年
2 Т. Б. Дианова,《Посадил дед репку…》Фольклорный образ и сказочный сюжет. ЖС, 2/2000, С.26-28
3 伊東一郎「『蕪』の四つのヴァリアント」『なろうど』三九号、一九九九年
4 アファナーシエフ編・中村喜和訳『ロシア民話集（上）』岩波文庫、一九八七年
5 花井信「『おおきなかぶ』の日本への紹介と変容・成立」『静岡大学教育学部研究報告』第三九号、二〇〇八年
6 『復刻鑑賞文選・綴方読本』第一巻、緑蔭書房、二〇〇六年

【参考文献】

・齋藤君子「大きな「かぶ」の六つの謎」『「大きなかぶ」はなぜ抜けた?』講談社現代新書、二〇〇六年
・齋藤君子「昔話を語ること」『次世代をはぐくむために』国立民族学博物館、二〇〇八年
・田中泰子『「おおきなかぶ」のおはなし』東洋書店、二〇〇八年

絵本になった中国の昔話

鈴木　健之

一　君島・赤羽コンビの絵本

まず君島久子《きみしまひさこ》文または再話、赤羽末吉《あかばすえきち》絵の本が断然目に立ちます。『ほしになったりゅうのきば』（福音館書店、一九六三年初版、一九七六年改訂新版）、『白いりゅう　黒いりゅう』（岩波書店、一九六四年初版）、『王さまと九人のきょうだい』（岩波書店、一九六九年初版）など。

『ほしになったりゅうのきば』は蕭甘牛著『龍牙顆顆釘満天』（少年児童出版社、一九五六年）の少数民族ミャオ族の原話を再話、絵本にしたもの。二匹の龍の戦いがもとで破れた天の裂け目を、英雄が龍の角を槌《つち》にし、龍の牙《きば》を鉄釘にして補修するという気宇壮大な神話的昔話です。

『白いりゅう　黒いりゅう』は雲南省のペー（白）族の昔話。同名の児童読物（君島久子訳、赤羽末吉絵、岩波書店、一九六四年）の中国の昔話六篇中の一篇を絵本化したもの。原話は賈芝《チャーチ》、孫剣冰《スンチエンピン》編『中国民間故事選』第一集（人民文学出版社、一九五八年）所収の「小黄龍和《と》大黒龍」。この話は賈芝氏の夫人李星華女史（中国共産党創立者の一人李大釗の娘）が一九五六年に雲南大理で採録した緑桃村の伝説で、桃の実を食べた娘から生まれた子供が龍となって、湖洱海《アルハイ》を荒らし住民を苦しめる悪龍と戦い退治する話です。原文は李星華記録整理『白族民間故事伝説集』（人民文学出版社、一九五九年、中国民間文芸出版社、一九八二年）にも収められており、この本は君島久子訳で『中国少数民族の昔話―白族民間故事伝説集―』（三弥井書店、世界民間文芸叢書第十一巻、一九八〇年）として全訳されています。

『王さまと九人のきょうだい』は雲南楚雄のイ（彝）族の「九兄弟」をもとにしたもの。「九兄弟」は『雲南各族民間故事選』（人民出版社、一九六二年）や『彝族民間故事選』（上海文芸出版社、一九八一年）などに収録。子供のない老婆が子授けを祈願し、神様からもらった九個の丸薬をいっぺんに全部呑んで男の子を九人産みます。顔立ちがよく似た兄弟は成長しておのおの超人的な能力と特技の持ち主となり、王様の出す難題や刑罰を兄弟が入れ代り立ち代り特技や超能力を発揮して解決したり、しのいだりします。例えば、長男の「力持ち」が倒れた宮殿の柱を持ち上げる、五男の「長すね」が突き落とされた谷をすねが伸びてまたぐ、六男「寒がり」が火の中に入れられてもへいちゃら、といった具合に次々と王様の鼻を明かし、結局王様を滅ぼすという筋です。

日本の「力太郎」に当たるこのタイプの昔話は中国では漢族をはじめ少数民族にも広く伝わっており、子供に人気のあるポピュラーな話で、「取長補短、団結互助」（長短を補い合い、力を合わせ互いに助け合う）の精神の大切さを説く民間故事として歓迎されています。兄弟の数は三人から一〇人までの例があって、普通「十兄弟型」と呼ばれます。村松一弥編『中国の民話上』「秦の始皇帝と十人兄弟」（毎日新聞社、一九七二年）と飯倉照平編訳『中国民話集』「十人兄弟」（岩波文庫、一九九三年）は、同じ山西省の漢族の類話です。やっつけられる敵役は暴君、悪代官や地主などの悪人のほかに、悪魔や鬼もあります。「大力士・千里眼・順風耳（早耳）・鉄脖子（鉄首）・北寒二（寒がり二郎）」と言った面白い名前の兄弟たちの、奇想天外で胸のすくような活躍

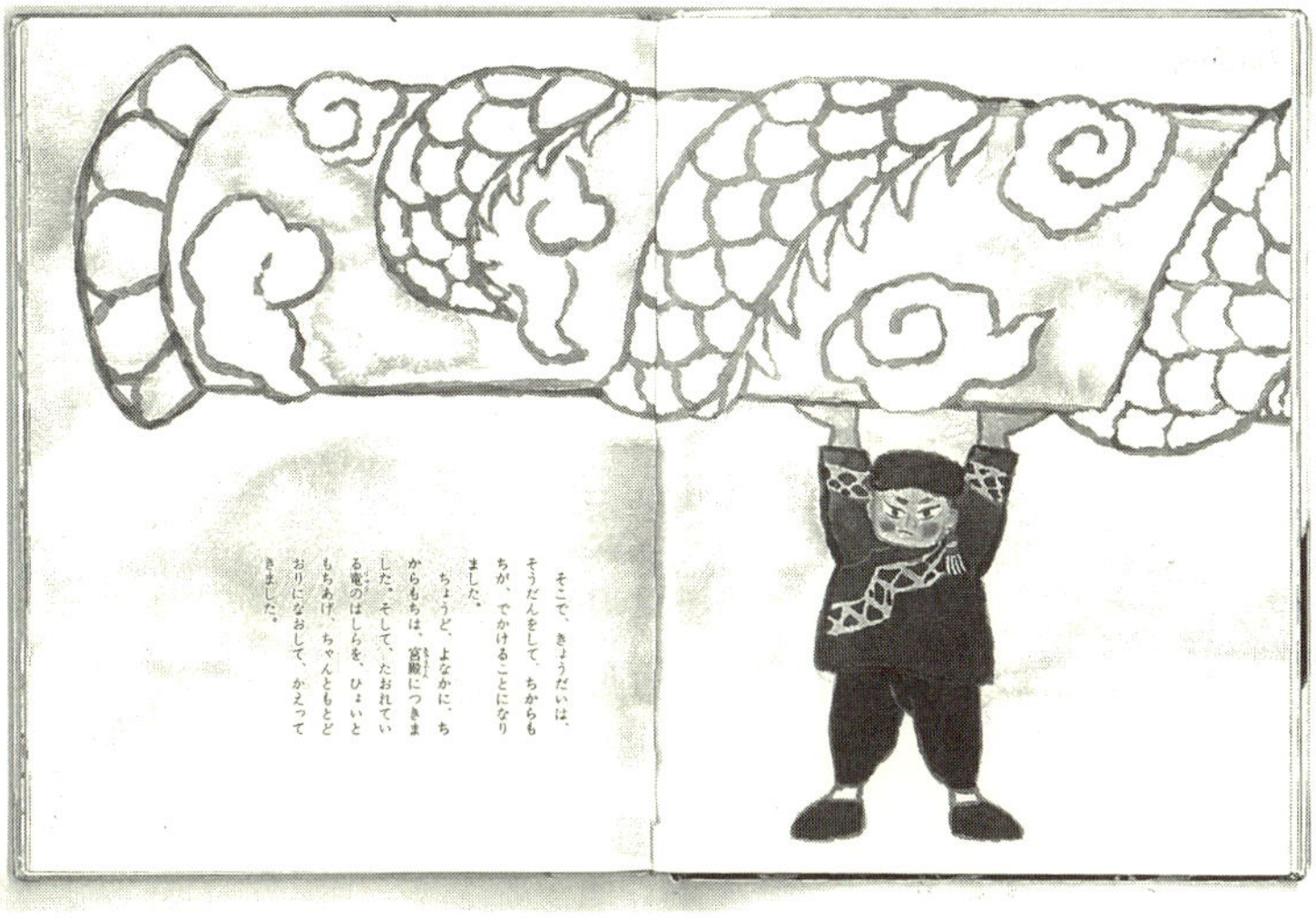

『王さまと九人のきょうだい』
ちからもちが竜のはしらを持ち上げた場面。

ぶりは、今の子供にも褪《あ》せぬ魅力を持っていま す。私が見た『王さまと九人のきょうだい』は二〇〇五年第六三刷とあり、驚異的ロングセラーです。

この昔話は古代中国の巨人神話に源を発し、その神話の残存であるとする説があります。確かに兄弟たちの奇瑞《きずい》の素姓からして常人の子ではなく、備えた能力はデモーニッシュなところがあります。

アメリカの絵本、クレール・H・ビショップ文、クルト・ヴィーゼ絵、川本三郎訳『シナの五にんきょうだい』（瑞雲舎、一九九五年、二〇〇一年、第一二刷）も同類の話です。フランス人女性クレールは、清国で宣教師だった父親から子供のころにこの話を聞いたのだそうです。一九三八年に出版された同書は、川本三郎訳以前に、昨年亡くなった石井桃子の訳として、同じ書名で一九六一年に福音館書店から出版されました。この本はいわくつきで、当時「シナ」

が中国に対する蔑称《べっしょう》だと物議をかもして結局絶版となりました。川本訳より石井桃子訳のほうを買う人も少なくないようです。

画家クルト・ヴィーゼが描く兄弟たちのいでたちは、みな昔風のたけの長い中国服長袍《チャンパオ》を着て、辮髪《べんぱつ》を垂らし、お碗帽瓜皮帽《わんぼうグワピーマオ》をかぶり、当時の欧米人の中国に対するやや古臭いエキゾチシズムが表現されています。クルト・ヴィーゼはドイツ生まれ、若いころ商品を売り歩いて六年間中国で生活した中国通とされ、文と挿絵を手がけた『支那の墨（Chinese Ink Stick）』（光吉夏弥訳、筑摩書房、一九四二年）があります。これは清朝末期、漢口の街の代書屋のちびた墨が物語るという設定で、中国の風物、行事などについての児童向け啓蒙書《けいもうしょ》です。この本の挿絵もデッサンが確かでなかなか味わい深いです。

君島さんは最近上梓《じょうし》された『「王さまと九人の兄弟」の世界』（岩波書店、二〇〇九年）で、中国における十兄弟型の類話の分布やモチーフの比較をし、話の淵源《えんげん》を探っています。また付録にチワン族、漢族、リー族、モンゴル族の類話四篇を訳しています。彼女の最近の作として『天女の里がえり』（小野かおる絵、岩波書店、二〇〇七年）があります。これは貴州省のミャオ族の民話で、天人女房型、難題婿型の幻想的な物語です。君島久子さんはこの分野の第一人者と言えましょう。

二　その他の絵本

斎藤公子《きみこ》編、斎藤博之絵『錦《にしき》のなかの仙女』（青木書店、一九八五年初版）。原話は広西のチワン（壮）族の代表的民話「一幅壮錦」（『民間文学』一九五五年創刊号、『壮族民間故事選』上海文芸出版社、一九八四年）。チワン族特産の絹織物「壮錦」にまつわる話。採集整理者の作家蕭甘牛は広西チワン族出身、チワン、ミャオ、ヤオ、トンなど少数民族の民話採録の仕事に従事し優れた成果を残しました。前述の『龍牙顆顆釘満天』もその一つです。中でもこの「一幅壮錦」は発表時から人気を博し、今日では古典的名作と言ってよいでしょう。日本でもいち早く伊藤貴《たか》麿《まろ》の訳『錦の中の仙女』（岩波少年文庫、一九五六年）が出ました。君島、赤羽のコンビで『チワンのにしき』（ポプラ社、一九六九年）、山本和夫文、武井武雄絵『にしきのむら』（フレーベル館、一九七〇年）などもあります。四年生用国語教科書（東京書籍版）にも「チワンのにしき」と題して取られています。

比較的新しい本として、『日本・中国・韓国の昔話集1 天人女房ほか5話』『同上2 一寸法師ほか5話』『同上3 さるとかえるのもちころがしほか10話』（日中韓子ども童話交流事業実行委員会企画、財団法人出版文化産業振興財団編集、独立行政法人国立オリンピック記念青少年総合センター発行、二〇〇四年）があります。各冊に三国の話が集められ、すべての話に日本語、中国語、韓国語の原文がついています。日本語の文から推して小学高学年向きでしょうか。中国の話はすべて劉守華選編、蔡皋絵、馬場英子訳。劉守華は現在華中師範大学教授で中国民間文学研究の大御所です。

『1 天人女房』には、中国のものとして湖北省に伝わる「牽牛星《けんぎゅうせい》と織女星」と四川省都江堰市の「熊ばあさん」が入っています。「熊ばあさん」原題「熊家婆」は、子供の姉妹が母親に留守番を頼まれ、夜陰に祖母に化けた熊がうまく家の中に入って妹を食べ、姉は機転をきかせて家

「なつめ太郎」（『日本・中国・韓国の昔話集３ さるとかえるのもちころがしほか10話』より）

を脱出し梨の樹《き》の上に登ります。追ってきた熊が梨の実をほしがると、姉がナイフを刺した梨を樹上から熊の口の中に投げ落として殺すという筋です。グリムの「赤頭巾」や日本の「天道さん金《かね》の綱」に似たこの型の話も中国で非常に人気のある話です。人喰い妖怪は虎の場合が最も多いので、このタイプを「老虎外婆型」（虎のおばあさん型）と呼びます。狐、狼《おおかみ》の場合もあります。聞き手は妖怪と子供たちとのやりとりに笑ったり、はらはらしたり、恐ろしくスリリングな場面と趣向を凝らした退治のしかたが面白く、これが子供たちに最も人気がある所以《ゆえん》です。

『２ 一寸法師』には「木の鳥」「高亮《こうりよう》、水をとりもどす」。「木の鳥」はチベット族の説話集『説不完的故事』（果てなし物語、王堯編訳、通俗読物出版社、一九五六年）の中の一話で、木で作った鳥に乗って空を飛び、さらわれて王宮に閉じ込められた妻を救い出す話。「高亮、水をとりもどす」は明、永楽帝の北京築城の際、全城の井戸水を運び出す龍王と戦って北京の井戸水を守り、最後に水に呑みこまれて犠牲となった高亮大将の伝説。今も残る高亮河、高亮橋のこの由来譚は北京で知らない人がいないほどよく知られた話だそうです。『中国民間故事集成・北京巻』（中国ISBN中心、一九九八年）の「高亮趕水異文一」が原典。

『3 さるとかえるのもちころがし』には「なつめ太郎」「いちばん強いのはだれ」「ねこはどこに行った」の三篇。「なつめ太郎」（原題「棗核」。『石門開』少年児童出版社、一九五五年）は一寸法師、グリムの親指太郎のようにナツメの実から生まれた小さ子が大活躍、大仕事をする話。董均倫、江源夫妻が一九五五年ごろ山東省昌邑県で採録したものがもとです。原話の拙訳が『山東民話集』（飯倉照平、鈴木健之編訳、平凡社東洋文庫、一九七五年）に入っています。「いちばん強いのはだれ」は貴州省のヤオ族の動物昔話。「ねこはどこに行った」は新疆《しんきょう》ウイグル族に伝わる頓智《とんち》の主人公アファンティ（阿凡提）の滑稽話。正式名でナスレッディン・アファンティはわが国の一休、彦市、吉四六《きっちょむ》などのおどけ者、頓智者に当たり、中国では「機智人物」の代表格として、ウイグル、カサフなど諸族の間だけでなく、全国的な有名人です。トルコでは、彼は一三世紀に実在した人物という説もあり、護雅夫訳『ナスレッディン・ホジャ物語―トルコの知恵ばなし―』（平凡社東洋文庫、一九六五年）にも同じ話があります。お気づきのとおり、総じて少数民族の昔話が優勢です。少数民族の昔話のほうが日本人の心に響くロマンやファンタジーに富んでいるのでしょうか。

三　中国出版の絵本

次に中国で出版された中国らしい絵本を二種類紹介します。一つは杭州の浙江少年児童出版社から一九九〇年と一九九二年に分けて出版されたシリーズ『彩絵本中国民間故事』。「絵本中国昔話」といったところ。A四版、各冊四五頁、一冊定価二五元。漢族と五五の少数民族を毎冊に割り当て、全巻五六冊。各民族の代表的、有名な昔話や伝説、神話を一篇から三篇収めています。全巻を見れば多民族国家中国ならではの豊富多彩な民話世界の一端を知ることができます。紙質もよく、造本もしっかりした優れた絵本です。

特筆すべきは絵本の三大要素（絵、言葉、物語）の一つである絵のすばらしさ。一ページの体裁は上段に伝統的中国画一幅、絵の下段に四、五行の文章を配すという、中国の子供になじみのある劇画本「連環画」の体裁に似ています。

この本に絵筆を執って参画した総勢百人にも達する少壮画家の中心は、地元杭州の浙江美術学院中国画系の在校生、卒業生、教員ら関係者です。この学院は一九二八年創立の国立芸術専科学校を前身とし、一九五八年に今の名に改称された大変由緒ある美術学校です。

絵本の作品には美術鑑賞に堪える優品秀作も少なくありません。中には一幅一幅に作者の落款《らっかん》が押されている力作もあります。各冊巻末の四ページ分に各民族の服飾、住まい、民具、楽器などが簡単に解説され、裏表紙には各民族の人口、居住地などの紹介があり、少数民族理解に配慮が行き届いています。

このシリーズを全巻所蔵している東京の図書館に、上野の国立図書館国際子ども図書館のほか、立川市中央図書館、墨田区立図書館、調布市立図書館があります。この絵本の存在を筆者に教えてくれたのは中国民話の会会員の堀川玉容さんです。中国の絵本を楽しむ会元代表の堀川さんはこの会の仲間とこの絵本の全篇を日本語に翻訳し終わり、まだ時間はかかりますが出版の計画を今練っています。

もう一種は『中国四大民間伝説』（河北少年児童出版社、一九八九年）。この絵本も伝統的国画で描かれています。文章は小学高学年から中学生向けでしょう。四大民間伝説は四大民間故事とも言い、人口に膾炙《かいしゃ》した「牛郎織女」「孟姜女《もうきょうじょ》」「梁山伯与《と》祝英台」「白蛇伝」。「牛郎織女」は、牛飼いが牛の援助を得て天女の織女と結ばれ、そして離別させられ、毎年七月七日だけ逢《あ》えるという天人女房型の、ご存知牽牛星と織女星の話。「孟姜女」は、ヒョウタンの中から生まれた娘孟姜女は、万里の長城建設の労役を逃れて来た若者范喜良と婚約します。新婚の夜、夫は築城に徴用されます。孟姜女は夫の冬着を届けに工事現場にたどり着いて夫の死を知ります。悲しみ慟《どう》哭《こく》すると、城壁が崩れ落ち夫の骨が現れます。始皇帝が彼女に懸想し妃《きさき》にしようとします。彼女は交換条件として始皇帝に夫の盛大な葬儀を挙げさせます。当日孟姜女は夫の遺骨を抱いて海に身を投じます。

「梁山伯与祝英台」は略して「梁祝故事」とも。ご大家の一人娘祝英台は男装して杭州の塾に入門し、同窓の書生梁山伯と親友となり、ひそかに梁山伯に恋します。三年後父親に呼び返される祝英台は梁山伯に双子の妹を娶《めと》りに来てくれと言い残して帰省します。彼女を待っていたのは馬家との縁談でした。梁山伯は祝家に求婚に訪れ真実を知り後悔しますが、時すでに遅く、梁は帰宅後まもなく死にます。輿入《こしい》れの日、英台が梁山伯の墓に立ち寄らせると、墓は口をあけ、祝英台が中に飛び込むと閉じられ、つがいの蝶《ちょう》が出てきました。

「白蛇伝」は白蛇の精と人間の男の異類婚姻譚。蛇の化身した白娘子は薬屋の許仙と結婚します。端午の日、毒消しの酒を飲んだ白娘子《はくじょうし》は蛇の正体を現わし、それを見た許仙はショック死しますが、白娘子は起死回生の仙草で夫を生き返らせます。白娘子は二人の仲を裂こうとする法海和尚と戦いますが、結局法海によって雷峰塔の下に鎮められてしまいます。一九五八年にわが国で東映動画「白蛇伝」が制作公開され、当時好評を博しました。
四大民間伝説は小説、芝居、語り物などのジャンルでも脈々と伝承されてきました。これら伝説は程度の差こそあれ年中行事とも結びついています。いずれもハッピーエンドで終わらない悲劇で、通底しているのは仲を裂かれ添い遂げられない男女、夫婦といったテーマです。遠い昔からとりわけ女性の感涙をしぼってきた所以です。

【参考文献】

・千野明日香、江藤和子編『日本語訳中国昔話解題目録（一八六八年～一九九〇年）』中国民話の会発行、汲古書院発売、一九九二年
・堀川玉容「民族民話絵本を用いた国際理解の実践Ⅰ―中国56民族民話絵本教室の企画について―」（『長崎大学教育学部教育実践研究指導センター紀要』Ｎｏ．２　二〇〇〇年）『彩絵本中国民間故事』全巻の作品名、作者名などのリストあり。

「アジア心の民話」シリーズの課題

野村　敬子

一　アジア民話への視座

平成一九年（二〇〇七）、遠野市役所で国際結婚で在住されている方の人数などを教えていただきました。窓口では画然とした掌握を感じられませんでしたが、中国からの日本人配偶者が多いとのことです。翌日の昔話ゼミナール講演「昔話と女性」で、国際結婚の外国人花嫁の昔話も扱ってみたいと思っていましたが、テーマが重く話が長くなること必定で、思い止どまりました。

遠野にもいま、ここに生きる国際結婚の日本人配偶者の故国民話の語り合い等、国際化時代到来の楽しみが生まれてきました。是非、近い将来の遠野民話にアジア語りの実現をと期待します。ゼミナール当日、会場前に野村敬子企画・責任編集の民話絵本松谷みよ子監修「アジア心の民話―全六冊」（平成一三年（二〇〇一）星の環会）を置かせていただきました。総括の場で石井正己先生からのご紹介も頂戴しました。

これらの絵本は①『オリーブかあさんのフィリピン民話』、②『チュ・ママの台湾民話』、③『少女が運んだ中国民話』、④『語りおじさんのベトナム民話』、⑤『語りおばさんのインドネシア民話』、⑥『キムさんの韓国民話』です。①②③⑥は国際結婚、④は難民救済教育、⑤はアジア駐

①

②

③

④

⑤

⑥

在員家族などに、それぞれに個性的な語り手を得ています。それら民話が絵入りのメディアとなることが即、今日的問題提起として、アジアへの視座を獲得する場面に連動してくれることを願いとしています。

この嚆矢《こうし》となりましたのは、平成五年（一九九三）に外国人花嫁の語りを扱った『フィリピンの民話―山形のおかあさん須藤オリーブさんの語り』でした。挿絵を描くために三栗《みつくり》沙緒子《さおこ》さんがフィリピンに飛び、絵本でしか表現出来ない地平を求めています。この絵本は自己存在証明のために、外国人花嫁に故国の昔話や伝説を語る、自覚的行為に強い目的を持ち、連鎖を期待し、その伝え語りを「民話」と表現しました。

このように思惟に根ざした伝承物

語を、私の場合「民話」と呼んでいます。オリーブさんは民話をフィリピン文化の表徴として、わが子と日本の友人たちに伝える意味深さに覚醒し、語りの出会いを重ねてくださったのでした。当時、彼女の置かれた状況からは希有の勇気と言い得る決断でした。彼女たちの勇気に似つかわしい挿絵の在り方も、アジア心の民話絵本は主要なテーマとして模索しています。

二　優しい波動

浜野和子園長とフローデリザさん

「Magandang Umaga Po!」はフィリピンの挨拶語「おはよう！」です。「ありがとう」は「Salamat Po!」です。出会いに胸が躍りました。

先頃、神奈川県相模原市相原の学校法人楢《なら》の木《き》学園・新町幼稚園（浜野和子園長）の講演に出向いた時、園児・藤井真音里《しおり》ちゃんのおとうさん・浩充《ひろみつ》さん、おかあさん・フローデリザさんと知り合いになりました。私の話を熱心に聞かれて、帰り際に感想を述べてくださいましたので、アジア心の民話①『オリーブかあさんのフィリピン民話』を贈りました。そして二カ月後、その民話絵本を読まれ、故国フィリピンの話を思い出しているというフローデリザさんと、新町幼稚園で再会することが叶《かな》いました。

その日、私は民話絵本の連鎖―心と心を結ぶ優しい波動を創ること―を実感しました。描かれた民話世界と記された文字民話世界、そして、それを目で併《あわ》せながら音読する聞こえの民話世界が、アジア民話を一段と楽しいものにしていく様子を目の当《ま》りにしたのです。浜野和子園長先生も折々、園児たちにアジアの民話語りをされ、家庭への通信にも、成長期に語りが人間関係を構築する様子などを書き送っておられるとのことで、宜《むべ》なるかなの想いでした。

フローデリザさんはミンダナオ島サンギアンガ市の出身です。「猫が家の近くでウーウーと、すごく鳴くときは、近所で大問題がおこる前ぶれ」「犬がアアーウウーとなく鳴くと、人間の側に近づいている見えない怖いものを見ているので、注意しなければならない」など、ミンダナオのいろいろな伝えを記憶しています。オリーブさんの絵本に刺激されて、父母と居た時代からのメッセージが聞こえてきたらしく、フィリピンと日本の違いについても話しておられます。

「日本に来てバレンタインデーにはびっくり。フィリピンではバレンタインデーには男の人が、私たち女性に愛のプレゼントする日です。日本に来ましたら、反対でした」。

「日本の子どもたちは食べ物を、食事の時に残しますね。でもフィリピンでは食べ物を残してはいけません。米一粒でも残してはいけません。世界中に食べられないで死んでいく子がたくさんいます。神様が見ているのです。そしてバナナは大切です。日本で残して捨てているのは悲しいことです。

オリーブさんの絵本でもありましたが、バナナはミンダナオでも大切な食べ物という伝えがあります。昔々、男神さまが人間の女性を愛し結婚した。子どもが生まれたが、神の国に帰らなければならない。子どもが飢えないように、男神さまは自分の心臓と手を土に埋めて、バナナの木を生えさせて帰った。そのようなお話です。

鍋の下に煤《すす》がたまって、それに火がついて赤く燃えると、誰か、お客さんが来るとも言います。それからスプーンを落とすと女のお客さんがくる、フォークを落とすと男のお客さんがくる。いろいろありましたね」。

伝承心意の見事なフローデリザさんでした。バナナの話の後、「私は今、浩充さんと愛情でオナカイッパイ！」とあふれるような笑顔をみせていました。警官の父親の方針で家で遊んでいたので、自然に母親の話を聴くことが多かったこと、その頃フィリピンには危険なことが多く、父親の配慮とみられることなどを振り返っていました。それら父母とフィリピン国ミンダナオ島の幼児体験が生き生きと甦《よみがえ》る、一冊のフィリピン民話絵本に籠る活力に注目しました。フローデリザさんの笑顔は、いま、ここに開花する語りの蕾《つぼみ》のように、輝く可能性に満ちていました。

三　虎が煙草をのんでいた頃

新町幼稚園からの帰路、浜野和子園長先生のご案内で、本坊《ほんぼう》慶子さんのキムチ・コリアハウスに立ち寄りました。韓国の母の味でしょうか、慶子さん手作りの家庭料理風の韓国料理をいただきながら、彼女がかつて浜野園長先生のもう一つの幼児教育の場・内郷幼稚園でPTA副会長をされていたことを知りました。その活動の様子は国際化時代らしい爽《さわ》やかな話題でした。もう高校生という卒園生ですが、園長先生は私の編んだ『キムさんの韓国民話』を贈りました。母の国に伝えられる民話の豊かさに気づく年頃と思ったからでしょう。日本は韓流ブームとは言われますが、如何《いか》にも表層的で軽薄な、気になる当世風がみられます。韓国の基層文化に根ざす母なる民話語りを「絵本で幼い読者から親世代にまで広く共有していく」願いをもっての出版を、キムチ・コリアハウスで信じていただいた嬉《うれ》しい出来事でした。

「イエンナル　イエンナレ」から語り起こされ、「ホランイガタンベ　ピドンシジョレ―虎が煙草《たばこ》をのんでいた頃」と続く、金基英《キムキヨン》さんが語る声の韓国民話。一方でそれを聴いたイラストレーター藤田のりとしさんがイメージを描く。民話と絵本の出会いが新たな民話文化を形成していきました。それまでの翻訳ものと違って、生き生きと語る金さんの語りを聴きながら、絵を製作しているのもこの本の特色です。耳で描いた絵の楽しさがあります。

ちなみにキムチハウス・慶子さんのお子さんのような方が、絵を見ながら母語・日本語と、おかあさんの故国ハングルとで民話の楽しさを多彩な夢に結晶していく道程にこそ、この絵本出版の目的がありました。この体験が民話絵本の未来ともいうべき、更に高度な語りの深層を表現し、今日的な思索を盛り込む、叡知の器となり得ることに気付かせてくれます。表題にある「課題」とは、こうした現実から導かれるものに違いありません。

四　アジア心の民話絵本

ところで、先に記した『フイリピンの民話』は外国人花嫁の母性を強く意識しています。「山形県内には、五五〇人の外国人花嫁がいます。異文化の父と母が子どもを育てながら、それぞれの文化に宿る精神を認め合う、より高度な人間関係を創る時代が到来したのです。（中略）オリーブさんの場合、夫と子どもと離れての独り暮らしです。とりわけ彼女を不安にするのは配偶者ビザ更新が迫っていることです。ビザを持ちながら母を生きる外国人花嫁たちは夫にビザ更新の意思が無ければ、わが子と日本暮らしは失われる運命にあるということです」と記してあります。

出版の背景には当時の厳しい外国人花嫁の母子関係、農山村の国際結婚における不透明な理不尽さを見据えた私の問いかけが内在していました。何故《なぜ》、それが民話絵本なのかと、疑問に思われる方もあるかも知れません。民話こそは人々の民族性を顕在化する「公共の知」としての意味があるからです。お話はあるものの作者がわからない、大人から子どもまで知られている、長い歴史的時間に培《つちか》われたその民族独自の表現文化が定着しているなどなど、民話の特徴からも無形ゆえに凝縮する民族心性が見透されるようです。絵本の生命は反覆して幾度も味わうことが出来、声として消える一回性の文化を文字と絵によって再生して、読み手によって更なる生命を与え続けることが出来ます。重要なテーマをメディア化して共有したいという願いも、民話絵本なら可能かもしれないのです。

このテーマに理解を示し励ましを送り続けてくださった作家・松谷みよ子さんに監修をと、星の環会・栗山佑子社長と東京練馬の大泉学園までお願いに出向いた日のことは、忘れられない思い出となっています。駅前の喫茶店で松谷みよ子さんにお目に掛かりましたが、「敬子さんがやってきたことでしょう。あなた独りでおやりなさいな」と優しい口調でおっしゃるので、「私ではだめなので………」と説明しようとした時、ふいにほろほろと涙がこぼれてしまいました。

外国人花嫁の子どもたちに、家庭で阻止《そし》されているという母親の故国民話や、採譜したフィリピンの童唄《わらべうた》を絵本によって享受してもらいたい。しかし現実、他県と異なり山形県は学校や児童文学界の方針か、外圧的反対か、よくわからなかったのですが、児童文学に無縁の野村敬子編では、外国人花嫁の民話絵本はなかなか二世たちの学ぶ幼稚園や学校に届かない事情がありました。山形民俗社会の強固な壁さえ感じさせられ、母の文化を享受するべき幼児体験の時機を思って、焦燥気味の私でした。松谷みよ子さんの大きな優しさに出会い、想いの通わぬ現実の厳しさが、ふいにこみ上げる涙となってしまったのでした。

平成一三年、そのような状況を掻い潜って本シリーズは発信されました。

松谷みよ子監修「アジア心の民話」は、①オリーブさん、②台湾・邱月荺《チユエイシユウ》さん、③中国は国際結婚した母親を慕って来日した少女が、母の配偶者である日本人男性と養子縁組みして在日、日本語学習の中で伝えた中国民話、④ベトナム難民に日本語を教えた元中学校国語教師のベトナム民話、⑤インドネシアは語りの研究と実践を手がける「ふきのとう」主宰の杉浦邦子さんに自ら会社駐在家族として、現在は娘さん一家の駐在体験を生かしてインドネシア民話を手がけていただきました。⑥は国際結婚の見事な結実として金基英さんの、おおらかな国際ボランティア語りを聴きとり翻字しました。

五　今後への課題

「アジア心の民話」シリーズの課題は、さらなるアジア語りと、人々の五感を通しての聴く営み・聴く心の育成であろうと思われます。アジアには聴くこと、大きな意味の聴き耳についての独自の表現と歴史がありました。遠い昔、中国春秋時代の『列子』に拠りますと、「伯牙《はくが》が琴を奏でと表現しています。親友は聴き耳が作っていたのです。アジア心の民話絵本には、アジアの聴きるると、それを聴いた鍾子期《しょうしき》は伯牙の心を的確に理解した」といいます。そうした「親友を知音」

耳の本として、人間関係構築を第一義としました。

⑤の『語りおばさんのインドネシア民話』の杉浦邦子さんからの発信には、「杉浦さんの声が聞こえてくるようだ」と共感した友人が、「パンジクラスのオンドリ」を真っ先に選んで語ったとあります。友人は従来の語り活動に「バワンプテイとバワンメラ」も加えて、「最も大切な二つの話としている」とあります。後者の一話は日本の「舌切り雀」に似ていますし、グリムの「ホレおばさん」にもそっくりなストーリーです。語り手の伝える聴こえが、アジア民話の学際的な側面を示しながら、日本の子どもたち・低学年から高学年でも親しみをもって受容されている様子が知られます。

杉浦さん自身、「孫にしばしば語りましたし、孫も好きな話」「〝タカトリアンの贈り物〟はひょっとして大人に喜ばれる話かもしれない」と、今日のアジア民話の伝達当事者らしい心躍りを、透明な民話心意をもって伝えています。注目したい言説と言えましょう。日本を離れアジア各地に駐在し、仕事をする日本人は民話伝播史も創っているのです。

国際結婚や難民で故国を離れて日本国を頼りに海を渡って来る方々も、いつの間にか数を増していました。アジアを巡る新しい地球時代が到来しているのです。民話絵本で絵に聴き、文章に聴き、発揚する想いのなかで、新たな時代の聴き耳を育て、いつの日かアジアの知音となることを夢にしたいと念じてみます。

「アジア心の民話」の小さな試みには、日本の歴史に潜む植民地政策の傷痕《きずあと》を睨《にら》んでいます。

アジアとの交流史のなかで、避けて通れないその上でアジア民話に託すものは、磨かれた心性と大きな人間愛ではないでしょうか。

④『語りおじさんのベトナム民話』は、ベトナム難民の願いを具現したものです。わが国で難民は基本的に受入れてはいませんが、ボートピープルなど八二〇七名の難民は、人道的に日本定住を認められました。この本は難民女性から「フィリピン民話集のような絵本が子育ての為に欲しい」と嘆願されて実現した一冊です。ベトナムに帰れないベトナム人の子どもに本当のベトナムをと、小島祥子《しょうこ》さんはベトナム写生旅行で挿絵を描きました。とりわけベトナム難民に日本語教育などの支援を続け、この本を編みながら逝《ゆ》かれた語りおじさん「渋谷民話の会」坂入政生《さかいりまさお》さんの人間愛、命がけとも言えるアジア民話への情熱を忘れることはできません。

【参考文献】

『語りの廻廊—聴き耳の五十年』（野村敬子著　瑞木書房　平成二〇年）所収「外国人花嫁の語り」「『多国籍社会日本』の昔話」

「因幡の白兎」絵本の歴史

松尾　哲朗

一　はじめに

兎《うさぎ》がワニの背を飛び越えていく場面が有名な「因幡《いなば》の白兎」は、広く知られた昔話を題材にしたと考えられている定番の絵本です。平成五年（一九九三）のＴＢＳブリタニカの「日本名作絵本」シリーズを始めとして、少なく見積もっても六〇冊以上が出版されており、近年ではＣＤ付きの絵本まで出版されています（千葉幹夫編著『ＣＤできくよみきかせおはなし絵本』成美堂出版、二〇〇六年）。

その内容は、大きく分けて二つの部分から構成されています。

Ａ．兎とワニの海渡り

Ｂ．大国主《おおくにぬし》による兎の治療

この二つの部分が結びつき、様々な交差を見せるところに「因幡の白兎」という話の特徴があります。

今でこそ広く知られますが、絵本化の歴史の始まりは必ずしも明らかではありません。本稿では、その歴史の最初期、つまり、「因幡の白兎」がいつどのように絵本化され、定着したかを明らかにしていきたいと思います。なお、この話は様々な形があるため、本稿ではA、Bの要素を併《あわ》せ持つ昔話の総体を「因幡の白兎」と呼び、書名には二重カギ括弧を付し、区別したいと思います。

二　絵本化の歴史

では、どうすれば絵本として成立していると見なしうるのでしょうか。

それに対する一つの答えは、松本猛の定義が示唆的です。松本は、絵本とは「絵画という空間芸術に時間的な流れを導入するもので、そこでは絵と言葉がそれぞれの表現の特徴を生かして有機的に結合」したものとします（『絵本論―新しい芸術表現の可能性を求めて』岩崎書店、一九八二年）。

松本は絵本が絵本たる三つの要素を指摘します。つまり、第一に絵画表現であること、第二に連続する絵画により時間性が獲得されていること、そして第三に描かれる絵と文に有意味な関係性がみられることです。この三つの要素が絵本を特徴付けるものだとします。とはいうものの、それらと同時に一般的には主な読者を子供と想定するという側面も、絵本の特徴として挙げられると考えます。そこで、この四つの視点を含み込んだ本が提示された時に、「因幡の白兎」絵本の歴史は始まるといってよいでしょう。

三　「因幡の白兎」の雛形

そもそも、「因幡の白兎」の起源は古く、文献上の記載としては『古事記』（七一二年）にまで遡《さかのぼ》ることができます。そこでは、兎が主人公の昔話ではなく、大国主が主人公に据えられた建国神話の冒頭の一エピソードでした。兎についての説明はほとんどありません。そのため、『古事記』版「因幡の白兎」の内容はB部分を重視します。

現在よく知られる兎が主人公になった話を確認できるのは、一三世紀に成立した事典である『塵袋《ちりぶくろ》』（著者不明）に引用される「因幡の白兎」です。その「第十　詞字」の「読数」という項で、現代では散佚《さんいつ》した「因幡ノ記ヲミレバ…」として紹介されています。ここでは『古事記』の記述にはない、兎が洪水で沖の島に流されたことなどが語られています。

ここで興味深いのは、この『塵袋』版では、『古事記』版とは逆に大国主についてはほとんど語らないことです。内容としては兎が活躍するA部分が重視されています。石破洋は、ここに「因幡の白兎」が大国主神話から独立する契機を指摘していますが、たしかに兎の由来を語る昔話の成立の萌芽《ほうが》はみることができるでしょう（『イナバノシロウサギ総合研究』牧野出版、二〇〇四年）。

四　「因幡の白兎」の絵画性の獲得

先節では簡単に昔話「因幡の白兎」の萌芽をみました。本節では、それがいつ頃から図像化されたのか確認しておきたいと思います。

とはいうものの、その初出はまだ明らかではありません。ですが、たとえば、江戸時代の本居《もとおり》宣長《のりなが》の門人が著した『神代正語常磐草《かみよのまさごとときわくさ》』（細田富延《とみのぶ》、一八二七年）に、兎が海を渡っている挿絵をみることができます。そのため、近世において既に絵画性を獲得していたといえます。

しかし、必ずしもこれが絵本の成立とはいえません。この本はあくまで『古事記』の解説書であり、一つの独立した話ではありませんでしたし、また図像化されているのもこの一図だけです。加えて、瀬田貞二は江戸時代の出版事情について、「挿絵のある本、絵草紙という意味での絵本で、いまだ子どものための絵本とはならなかった」と述べており、この本もまた同様に考えられるためです（『絵本論—子どもの本評論集』福音館書店、一九八六年）。

五　絵本としての歴史の始まり——『THE HARE OF INABA』

江戸時代までほとんど注目を浴びなかった「因幡の白兎」でしたが、明治に入ると、突然、大きな転機が訪れます。それが絵本化です。実は「因幡の白兎」は、一つの独立した話として定着する等の幾つかの段階を飛び越えて一気に絵本化がなされたのです。それは明治一八年（一八八五）に長谷川弘文社から順次刊行された縮緬本《ちりめんぼん》「日本昔噺」シリーズによる、「因幡の白兎」の採用です。

縮緬本とは、和紙に皺《しわ》加工を施し、絹織物の縮緬に見立て、そこに美しい木版多色刷りを施した、軽い手触りが特徴の明治から大正にかけて出版された和本のことをいいます。工芸品としての輸出を考えて作られていたため、本文は英語等で印字されています。
この「日本昔噺」シリーズの第一一号として『因幡の白兎（原題THE HARE OF INABA）』が収められているのです。その第一号は『MOMOTARO』で、明治一八年八月に出版され、『因幡の白兎』はその翌年、明治一九年（一八八六）一二月に出版されます。ちなみに「因幡の白兎」の縮緬本は、英語、仏語、スペイン語版の存在が報告されています（石澤小枝子『ちりめん本のすべて』三弥井書店、二〇〇四年）。

【図１】『THE HARE OF INABA』長谷川弘文社、1886年

さて、英語版の内容をみてみましょう。その冒頭は、「昔、八一人の兄弟がいました。彼らはその国の王子様たちでした。」で始まり、「そして彼はこの国の王様になり、幸せに末永く暮らしました。」で終わるという、Bの要素の強い、大国主を中心にした『古事記』版に近いものです（訳は私訳）。訳者であるヂェームス夫人は西洋的な昔話として「因幡の白兎」を再構成したようです。

次に、挿絵をみてみましょう。表紙には、兎がワニを騙《だま》して海を渡って来る場面が描かれています。その構成はまさに絵本と呼ぶにふさわしいもので、一五頁中一〇頁に挿絵が描かれています。ここにおいて、絵本の大きな特徴である連続した絵画表現による時間性を獲得したといえます。

更に、もう一点注目されるのは、その絵本としての構図の完成度の高さです。たとえば、皮が剥《は》がされる場面に目を向けてみると、本文中にあるワニの橋が絵本見開きの下半分部分を連続して用い、沖から岸まで続くワニの橋がダイナミックに表現されています【図1】。この絵は、先に挙げた文と絵の一つの有機的結合のあらわれだといってよいでしょう。

加えて、このシリーズは子女教育への期待があったともされています。縮緬本は輸出品としての側面が強調されがちではありますが、日本人子女の外国語教育の一環を担っていたということも石澤により報告されています。石澤は、版元である長谷川の「日本昔噺」の企画について「外国人に日本の昔噺を広めるのが第一義ではなく、日本人の英語の勉学のためという意図がまずあった」と指摘しています（前掲書）。

以上の点から、縮緬本版『因幡の白兎』の出版は、まさに「因幡の白兎」の絵本の歴史の始まりと呼ぶにふさわしいものだといえるでしょう。この本が出版された明治一九年から「因幡の白兎」絵本の歴史は始まったのです。

六　絵本としての歴史の展開――『兎と鰐』

それでは、「因幡の白兎」が日本語で絵本化されたのはいつなのでしょうか。それは縮緬本版出版の九年後、明治二八年（一八九五）のことです。その年に、巌谷小波《いわやさざなみ》による「因幡の白兎」、『兎と鰐《わに》』が出版されました。ここから日本語の絵本の歴史が始まります。そしてこの本はそれと同時に、昔話としての歴史の始まりともなった非常に意義深い本です。

この本は、明治二七年（一八九四）から翌年にかけて博文館から刊行された全二四冊の「日本昔噺」シリーズの、第一四編にあたります。小波の「日本昔噺」シリーズは、「わが国で初めて単独の著者による児童書の叢書」とも評されています（上田信道「解説」『日本昔噺』平凡社、二〇〇一年）。

本文の構成としては二七頁で、そのうちの一〇頁は挿絵入りになっています。特にその中でも、二頁にわたる構図が三つあります（兎が海を渡る図、八十神に会う図（右頁に袋を担いだ大国主）、八上姫との結婚）。この挿絵の多さと、その連続性からまさに「因幡の白兎」の絵本であるといって差し支えないでしょう。

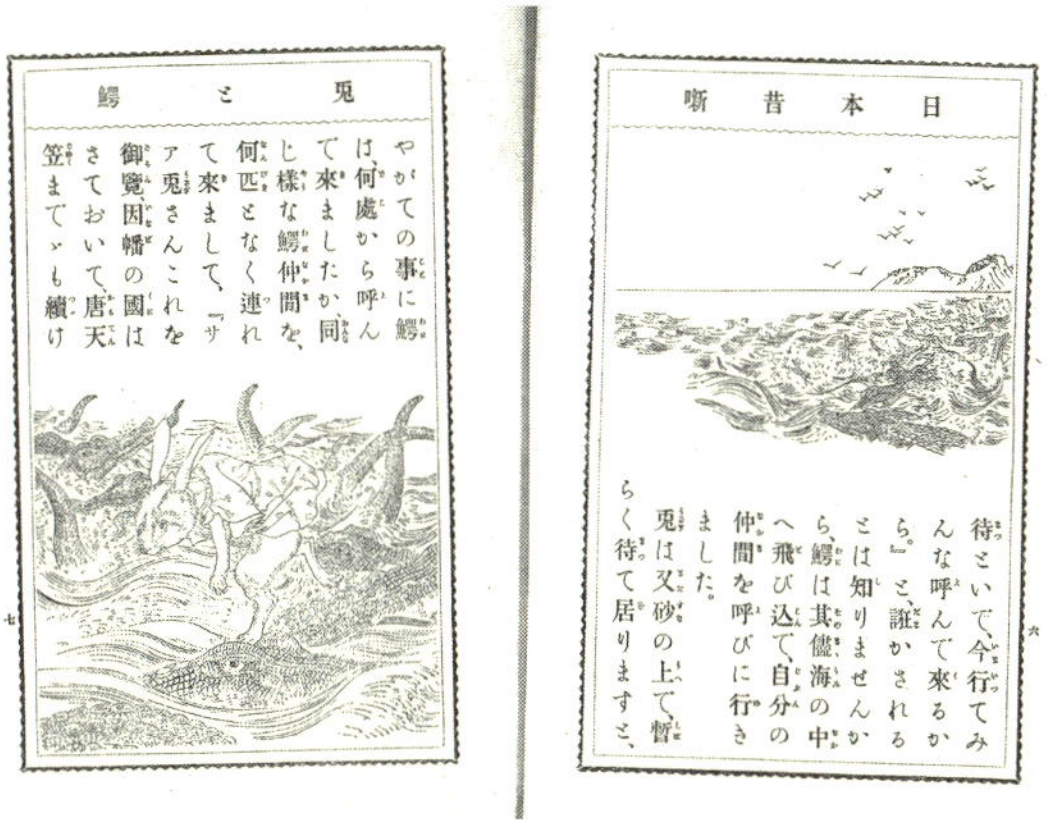

【図2】大江小波『兎と鰐』博文館、1896 年

ここで興味深いのは、特に半纏《はんてん》を着たウサギが描かれていることと、向こう岸から兎がこちらに渡っていることで、これらの点からはっきりと縮緬本版の構図を意識していたことがうかがわれます【図2】。

この『兎と鰐』は「因幡の白兎」の歴史を考えるにあたって、一つの大きな区切りとなりました。というのも、ここにおいて初めて「因幡の白兎」は昔話の形式を獲得したのです。つまり、「むかし〳〵因幡の国に、一匹の白兎が居りました。」で始まり、「鰐はそれから如何《どう》しましたか、其処《そこ》まではどうも解りません。めでたし〳〵。」

という定型を獲得しているのです。また、その内容も、『兎と鰐』という題名や先に引用した冒頭句からもわかるように、兎が主役の、Aの要素が強いものとなっています。明治二八年、「因幡の白兎」は、日本語の昔話として確固とした地位を獲得しました。

このことは他の書物にも影響を与えています。たとえば、その一五年後に著された『お伽百番』（船越尚友、岡田文祥堂、一九一〇年）という挿絵入りの昔話を集めた本があります。「諸君、つこい、白粉臭《おしろいくさ》い著書を読むの暇があるならば、この一冊を手にしたまへ、そこに至大の教訓を得られるであらうと思ふ」とその序に述べ、当時多数紹介されていた海外書籍に対し、日本の昔話の優位性を強調しています。その六番目に「兎と鰐」を見ることができるのですが、その内容は「むかし〳〵」で始まり、「めでたし〳〵」で終わる小波の『兎と鰐』を語句もそのままに簡略化し書かれたもので、小波版定着の進行の影響の大きさがうかがわれます。

七　国民的昔話としての定着——国定教科書

このような急激な展開を経て、絵本として、そして昔話として「因幡の白兎」は成立しました。しかし、『兎と鰐』出版の更にほぼ一〇年後、より大きな事件が起こりました。それは国定教科書による「因幡の白兎」の採用です。

明治三六年（一九〇三）から日本では、国定教科書制度が施行され、その翌年から昭和二四年（一九四九）までの四五年間、全国一律の国定教科書が使用されました。その間に計五回の改訂が行われますが、「因幡の白兎」は、このすべての時期に教材として採用され続けていたのです。

つまり、この時期の日本全国の人が「因幡の白兎」を知ることになりました。

第一次国定教科書の『高等小学校読本　二』では「因幡の兎（一）（二）」として、その巻頭に収められています。ここで興味深いのは、この最初の教科書における挿絵が、昔話絵本においてしばしばとられる兎とワニの場面ではなく、兎と大国主の出会いの場面だということです。『高等小学読本編纂趣意書』をみてみると、その教材の選択については以下のように述べられています。

歴史ニ関スル材料ハ本邦ニアリテハ忠良勇武ナリシ人々及為政家ノ事績重要ナル事件ノ顛末、神話伝説、文学者ノ事業、及文化ノ由来ヲ知ルニ足ルヘキ幾多ノ事項…ヲ選択シタリ

（傍点は筆者、引用は『近代日本教科書教授法資料集成　第一一巻』東京書籍、一九八二年より）

つまり、この第一次国定教科書において「因幡の白兎」はあくまで神話の一部として採用されたのです。そのため、大国主が前面に出てくる図が採用されたのでしょう。当然、書き出しも「天照の御をひに、大国主命と申す御方がございました。」で始まり、末尾では「出雲大社というのはこの御方をまつった御社でございます。」というように、『古事記』にみられたB部分を強く印象付ける語り

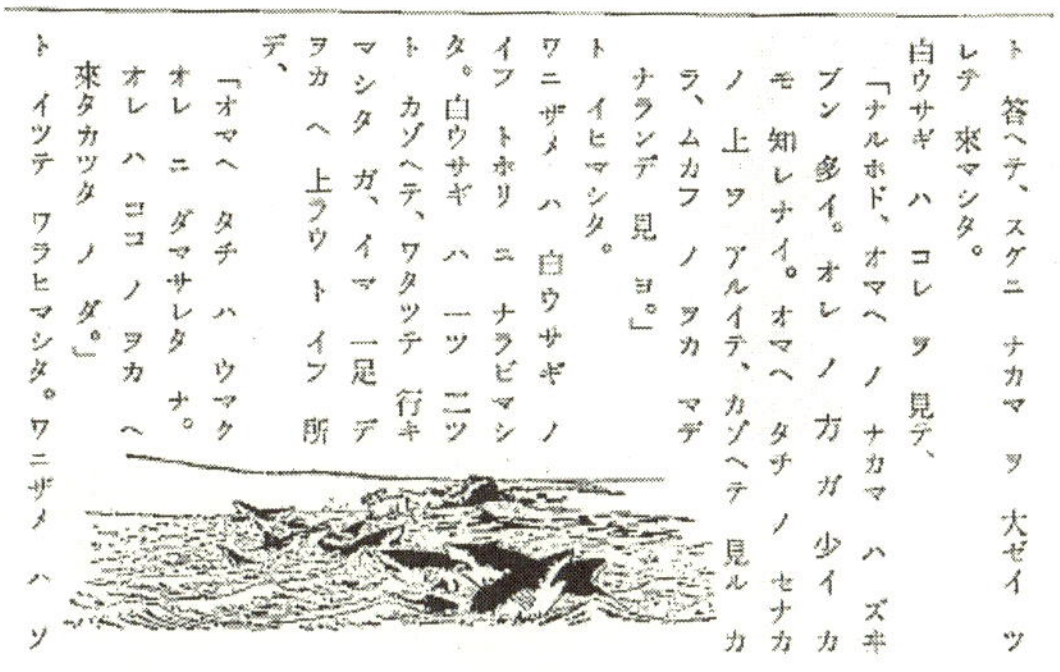
ト　答ヘテ、スグニ　ナカマ　ヲ　大ゼイ　ツレテ　來マシタ。
白ウサギ　ハ　コレ　ヲ　見テ、
「ナルホド、オマヘ　ノ　ナカマ　ハ　ズヰブン　多イ。オレ　ノ　方　ガ　少イ　カモ　知レナイ。オマヘ　タチ　ノ　セナカ　ノ　上　ヲ　アルイテ、カゾヘテ　見ル　カラ、ムカフ　ノ　ヲカ　マデ　ナランデ　見ヨ。」
ト　イヒマシタ。
ワニザメ　ハ　白ウサギ　ノ　イフ　トホリ　ニ　ナラビマシタ。白ウサギ　ハ　一ツ　二ツ　ト　カゾヘテ、ワタッテ　行キマシタ　ガ、イマ　一足　デ　ヲカ　ヘ　上ラウ　ト　イフ　所デ、
「オマヘ　タチ　ハ　ウマク　オレ　ニ　ダマサレタ　ナ。オレ　ハ　ココ　ノ　ヲカ　ヘ　來タカッタ　ノ　ダ。」
ト　イッテ　ワラヒマシタ。ワニザメ　ハ　ソ

【図３】「白ウサギ（一）」
『尋常小学校読本　巻四』文部省（海後宗臣編『日本教科書大系〈近代編第七巻〉国語四』講談社、1963 年より）

口になっています。

しかし、第二次国定教科書の『尋常小学読本 第四』にある「白ウサギ（一）（二）」になると、A部分の内容を強調する昔話的な「因幡の白兎」になっているのです。冒頭部をみますと、「島ニヰタ白ウサギガ、ムカフノ大キナヲカヘ行ツテ見タイ…」となっており、明らかに建国神話的なB部分の色彩が薄まっていることに気付きます。また、挿絵も兎がワニの背中を渡る図が加えられているのです【図3】。そして、続く教科書（第三次『尋常小学読本 第四』「白ウサギ」、第四次『小学国語読本　尋常科用　巻四』・第五次『よみかた　四』「白兎」、第六次『こくご三』「白うさぎ」）においても、この内容の昔話的傾向と二つの挿絵という傾向は踏襲されました。

このような質的な変化を促したのは、『兎と鰐』を執筆した巌谷小波の影響が推測されます。というのも、巌谷小波は明治三九年（一九〇六）に芳賀矢一《はがやいち》の推薦で、文部省図書科の嘱託《しょくたく》となり、それ以後二年間国定教科書に関わっていたことが、彼の息子である巌谷大四により伝えられているからです（『波の跫音』新潮社、一九七四年）。当然、彼が、「因幡の白兎」に関わったことは想像に難くありません。実際に『尋常小学校読本編纂趣意書』を見てみますと、「因幡ノ白兎」を神話というより「多クノ国民的童話・伝説」、「趣味アル説話」の一つとして配置しようとした認識があったようです（傍点は筆者。引用は前掲書に同じ）。

以上のように戦前・戦中を通して教科書にその立ち位置を変えながらも、積極的に採用されたことが、少なくない戦後の「因幡の白兎」絵本の展開につながったと考えられます。「因幡の白兎」は教科書によって、すべての国民が知る、日本の「定番」の昔話となりました。戦前の教育を受けた人々が何を絵本として伝えていこうかと考えた際に、自らが子供の時に聞かされていた昔話がその題材として採用されたのではないでしょうか。

八　おわりに

「因幡の白兎」は明治の一時期に集中して絵本になり、昔話として成立し、そして定着しました。当然この一時期だけをもって歴史のすべてということはできません。特に戦後の展開を把握することは稿をあらためたいと思います。しかし、その歴史の成立が出版界だけでなく、教育界をも巻き込み、そしてごく短期間でなされたことが、「因幡の白兎」絵本の歴史の始まりにおける最も特異な点であるといえましょう。

【参考文献】

・石井正己『図説 古事記』河出書房新社、二〇〇八年六月
・野崎琴乃「近代におけるイナバノシロウサギ—古事記の享受史を考える—」『語文』第一一七号、二〇〇三年十二月

紙芝居で楽しむ昔話

多比羅　拓

今回は「紙芝居で楽しむ昔話」ということでお話を進めていきたいと思います。本全体のテーマが「昔話と絵本」ですから、絵本についても忘れることはできないでしょう。そこで「昔話」「絵本」「紙芝居」という三角形――もう少し言えば「昔話」を頂点とし、「絵本」と「紙芝居」を底辺に置く二等辺三角形――をイメージしながら、紙芝居だからこそ魅力を十分に引き出せる昔話のあり方を探るのが目的です。

一　紙芝居の系譜

紙芝居の歴史といえば、昭和の初め頃、街角で駄菓子を売りながら公演し、盛り上がったところで「続きは次回で」という形で続いていくものがよく知られているのではないでしょうか。私の母は東京都世田谷区に育ちましたが、駄菓子を買えなかったために近くで見られず、遠巻きに見るしかなかったので、前の方で見る子たちがすごく羨《うらや》ましかったと言っていました。一方、駄菓子を買って一番前で見られたという父は、昭和一八年（一九四三）生まれの人ですが、西武池袋線の終点の西武秩父駅から、さらに離れた皆野《みなの》という小さな町の出身です。そんな土地でも紙芝居の興行があったというのは驚きです。

絵を前にして人に語るというスタイルは、もっと遡《さかのぼ》れば「絵解き」になっていくのでしょう。これは掛軸や巻物に幾場面もの絵が描き込まれていて、順を追って説法していくというものです。「安珍清姫《あんちんきよひめ》」の道成寺縁起が有名です。ちなみにこの「絵解き」の多くは掛軸を用いて話を進めますが、「絵本」と関連づけられることは少ないようです。同じく絵を用いて話を進めるものには、平安時代からある「絵巻」、室町時代の「奈良絵本」（「奈良絵」の挿絵入りで書かれた御伽草子《おとぎぞうし》の「本」）、江戸時代の「草双紙」等がありますが、逆にこれらは「紙芝居」の祖とは言われず、「絵本」の系譜に位置づけられるようです。

この二つの系譜を考えると、そもそも現代の「絵本」という形態は西欧発祥とされるのですが、「絵解き」「紙芝居」は絵と語りの媒体、「絵巻」「奈良絵本」「草双紙」「絵本」は絵と文字による媒体という違いがあるのかも知れません。

二　紙芝居と絵本

いま八王子市中央図書館から借りてきた紙芝居があります。借りてきたのは、『かさじぞう』『天人のよめさま』『うりこひめとあまのじゃく』（童心社）、『つるのおんがえし』（教育画劇）です。検討するためにはものさしがあると便利なので、昔話で同じタイトルの絵本があるものを選びました。たった四編です、傾向だけでも拾い上げてみたいと思います。

まず体裁はどうでしょうか。大きさは縦二六センチメートル横三七センチメートル。ほぼ

Ｂ４版と同じで、統一された規格のようです。絵本の大きさはいろいろですが、借りた中でいちばん横幅の広いものは、縦二二センチメートル横五一センチメートル（『天人女房』、童話館出版）。いちばん縦幅の大きいものは縦二九センチメートル横四四センチメートル（『うりこひめとあまんじゃく』、岩波書店）でした。

大きさを比べると、紙芝居よりも絵本の方が大きいことがわかります。紙芝居は折りたためないため持ち運ぶ時に大きいのはわかりますが、見開きの状態ならば紙芝居の方が大きい印象があったので、意外な感じがしました。両者の画面を比べてみて気づくのは、絵の大きさです。紙芝居に描かれるものは、人物にしても物にしても、どれも大きく遠くからも見やすく描かれています。「紙芝居の方が大きい印象」というのは、絵本には文字の部分があるので、画面の大きさによる印象だったようです。また、絵本には文字の部分があるので、余白が多く、描かれた物の大きさではなく、描かれているのではありません。紙芝居には文字を入れる必要がないので、余白も少なく、全面に絵が描いてあります。（図１・図２参照）。

次に場面の数を比べてみましょう。紙芝居は八場面、一二場面、一六場面（一枚を一場面とする）という種類があります。一二場面は『天人のよめさま』、一六場面は『かさじぞう』『うりこひめとあまのじゃく』『つるのおんがえし』です。絵本はやはり話により大きく異なり、一三場面〜二〇場面（見開き二頁を一場面とする）でした。場面の数については、さほど大きな違いはなさそうです。場面の構成はそれぞれ特性がありそうです。この点については後でも触れますが、絵本ではページをめくると場面全体を目にするのが原則です。一方、紙芝居では一面をぬき方で二分割、三分割しながら見せたり、ひと続きの場面を二面にわたって見せたりと工夫がなされています。

図１　絵本『かさじぞう』
おじいさんとお地蔵様は上に寄せられ、下に物語が書かれる。

図２　紙芝居『かさじぞう』
おじいさんとお地蔵様が大きく画面に描かれ、余白は少ない。

三 紙芝居をやってみる

先ほどの場面の構成を含め、せっかく借りてきたので、息子相手に紙芝居をやってみて気づいたことに話を移します。まず大きな違いが、相手との距離感です。絵本は子どもをひざの上に乗せたり、並んで座った前に置いたり、同じ向きをして読むことが多いのですが、紙芝居の場合は相手と向かい合い、読み聞かせることになります。絵柄が大きいだけに、物理的な距離感も大きくなります。近づくと、大画面のテレビを目の前で観るような感じになるのです。

童心社の紙芝居『つるのおんがえし』には、次のような説明書きが付けられていました。

《紙芝居のやり方》（演ずる前に必ずお読みください。）

1　かならず舞台をお使いください。紙芝居は、動かない絵と、文と、朗読とぬき方を伴う実演とが、混然一体となって、幼児をたのしいドラマの世界に誘う視聴覚教材です。舞台へいれて演じないと、抜き方の効果が全然期待できませんので、紙芝居のたのしさは半減してしまいます。

2　かならず下読みをしてください。作品のテーマ、語り口、登場人物の性格などをつかんで始めないと失敗します。

3　始める前に、画が順番通り揃《そろ》っているか、かならず確かめましょう。（略）

4　紙芝居では、ぬき方が大変重要です。単純な―ぬく―でも、無神経にぬいたのでは効果が半減します。ーぬくーという動きが、ドラマの進行、展開の上で重要な役割をしますので、水平に、静かに、心をこめてぬいてください。ーぬきながらー、ーはやくぬくー、ー線までぬいてーなど、その部分の文章と画面の総合する効果をよくのみこんで、指定通り演じてください。

5　紙芝居は、演じ手のもちまえの声、調子で、せりふも、老人らしく、こどもらしく演じわける程度がよく、オーバーな声色は、かえって、動かない画面との調和を破って、ドラマを破綻させます。

6　その作品にふさわしい語り口、緩急のリズムがありますので、それに乗るように演じてください。こどもたちの理解やよろこびをいっそう大きくすることでしょう。

そして、紙芝居の裏側にあるテキスト面には、読むべきテキスト部分と、「演出ノート」という読み方の工夫やぬき方の指示も書かれています。

たしかに紙芝居を実際にやってみると、「話の筋を追って読む」ことよりも、「どのように語るか」に気を遣いたくなります。実際の絵が見えていないこともありますが、どのような絵であるかをあまり意識することなく、相手に語ることに没頭してしまうのです。語り手にとって、絵は語りの補助に過ぎないようです。では聴き手にとってはどうでしょうか。

紙芝居の場合、次のような場面によく遭遇します。絵本であれば「あるいていました」と一度文を切ってしまいそうなところが、紙芝居では文を切らずに、絵を抜いて場面を転換するのです。

じいさまは、もう　こえも　かすれて、とぼとぼ　あるいて　いくと

図３　紙芝居『かさじぞう』３枚目
「とぼとぼと　あるいて　いくと」まで見せる絵

図４　紙芝居『かさじぞう』４枚目
「どんと　ぶつかった」のときに見せている絵

――ぬく――
どんと　ぶつかった。
いたたたた
（『かさじぞう』３枚目・４枚目。図３・４参照）

また図５は、おじいさんが笠をかぶせてあげる場面です。ここは、七枚目を少しずつ抜くことで、八枚目の笠をかぶったお地蔵様が一体ずつ増えるという見え方になっています。七枚目の絵自体は変わりませんが、おじいさんがかぶせているお地蔵様は三体目、四体目と移っていくことになるのも面白いところです。

別の場面や話でもみてみましょう。

おじいさんも　おばあさんも、まきが　うれなかった　ことなんか　わすれて、つるの　ことを　はなしあいました。
――ゆっくりぬきながら――
つぎの　日《ひ》の　夕《ゆう》がた、おじいさんの　うちの　とを、」　※注・ここまで５枚目

図５　紙芝居『かさじぞう』７枚目・８枚目
おじいさんがお地蔵様に笠をかぶせている場面。２体目までかぶっており、いま３体目にかけていることになる。

だれかが、とん　とん　と　たたきました。

おじいさん《おじいさん》「いまごろ　だれだろう」

（『つるのおんがえし』5枚目から6枚目）

ばあさま《ばあさま》「おうおう、きたわ　きたわ。」

ばあさまは　よろこんで、うりを　かかえて、うえいへ　もどったと。

―半分ぬきながら―

じいさま《じいさま》「おうおう、これはみごとな　うりだわい。さっそく　わって　くうべ」

―半分でとめて―

じいさまが、ほうちょう　もって　わろうと　すると、

―のこりをさっとぬく―　」　※注・ここまで2枚目
ほほげあ
ほほげあ
うりは、ひとりでに　われて、かわいい　女の子《おんなこ》が、ぺろっと　うまれたと。

（『うりこひめとあまのじゃく』２枚目から3枚目）

『かさじぞう』の「あるいて　いくと」と「どんと　ぶつかった」の間で、『うりこひめとあまのじゃく』では「ほうちょう　もって　わろうと　すると、」と「ほほげあ　ほほげあ」の間で、場面が転換されるという形は、聴き手の「どうなるのだろう」という無言の問いかけを引き出す仕掛けです。

絵本の場合、そこに描かれた絵の内容を文で説明し、各頁でその都度完結します。しかし、紙芝居は必ずしもそうではなく、敢《あ》えて文の途中で、次の展開を期待させるところでテキストを切ってしまうのです。ここでの聴き手の「次はどうなるのだろう」という問いかけは、単に連続性を持たせた絵を次に出現させて、動きをダイナミックにするという効果だけではありません。聴き手が疑問を抱いた時点で、主体的に物語の世界に入り込む仕掛けにもなっているのです。

「動かない絵と、文」という点は絵本と共通する点です。紙芝居の独自性が「朗読とぬき方」にあるというのも、「朗読とぬき方」次第で聴き手を話の世界に引き込む度合いが違ってくるからに違いありません。

四　紙芝居で楽しむ昔話

「紙芝居」と「絵本」は、どのように使い分けられているのでしょうか。私の息子の通っている保育園では、季節ごとに「絵本」を一冊購入しています。ひとりひとりが「絵本」を持つことになります。年齢別に分けられた部屋にも「絵本」が置かれています。

一方、「紙芝居」はホールの本棚に置かれているだけです。もちろん各自で購入することもありません。どの「絵本」や「紙芝居」も貸し出しをしているようですが、あまり「紙芝居」の貸し出しというのは聞いたことがありません。

保育士の先生方にうかがってみると、年長のクラスの子どもたちが小さい子どもたちに紙芝居をやってみせてくれるそうです。子どもたちは紙芝居が大好きです。私の息子も以前から勝手に

「か〜みしばいのおじかん〜」と――家に紙芝居はないのですが――歌っていましたし、図書館から借りてきた紙芝居もひとりで延々とめくって遊んでいました。

昔話の楽しみは、話の筋はもちろんですが、語りによって話の世界に聴き手を導くことに醍醐《だいご》味《み》があるのでしょう。そもそも語りによって受け継がれてきたのが昔話なのですから、聴き手を引き込むことについては折り紙付きです。「紙芝居を語る大人」「紙芝居を聴く子ども」という図式にあまりとらわれる必要もないのでしょう。子どもたちが「紙芝居」という仕掛けを駆使しながら聴き手を自らの語りの世界に引き込み、「語ること」の楽しみに気づけたら、素晴らしいことではないでしょうか。

【参考文献】
紙芝居
・松谷みよ子 脚本・まつやまふみお 画『かさじぞう』童心社、一九九〇年
・松谷みよ子 脚本・梶山俊夫 画『うりこひめとあまのじゃく』童心社、一九九二年
・松谷みよ子 作・中尾彰 画『てんにんのよめさま』童心社、一九九二年
・岡上鈴江 文・輪島みなみ 画『つるのおんがえし』教育画劇、一九九六年

絵本
・まつたにみよこ 文・いわさきちひろ 絵『つるのおんがえし』偕成社、一九六六年

・木下順二 文・初山滋 絵「うりこひめとあまんじゃく」岩波書店、一九八四年
・武鹿悦子 文・本多豊國 絵『かさじぞう』フレーベル館、一九九六年
・稲田和子 再話・太田大八 絵『天人女房』童話館出版、二〇〇七年

講演者・執筆者紹介

池内紀（いけうち・おさむ）

兵庫県姫路市生まれ。ドイツ文学者・エッセイスト。山と温泉好きで旅のエッセイも多い。主な著訳書―『ウィーンの世紀末』（白水社）『ぼくのドイツ文学講義』（岩波新書）『ゲーテさんこんばんは』（集英社）『ファウスト』（ゲーテ、集英社文庫）『カフカ短篇集』（岩波文庫）、ほか多数。『風刺の文学』で亀井勝一郎賞、『海山のあいだ』で講談社エッセイ賞、『ファウスト』の新訳で毎日出版文化賞受賞。

正部家ミヤ（しょうぶけ・みや）

大正12年、岩手県上閉伊郡綾織村に生まれる。姉の故鈴木サツとともに語り部を始め、天皇・皇后両陛下にも昔話を語る。『続・続遠野むかしばなし』『第四集遠野むかしばなし』『正部家ミヤ全昔話集』のほか、ビデオやCDも多い。妹の菊池ヤヨ、須知ナヨ、姪の菊池栄子も語り部として活躍、現在、子供たちに昔話を継承することに力を注いでいる。旅の文化賞等を受賞。

岩崎京子（いわさき・きょうこ）

児童文学作家。東京に生まれる。昭和25年から創作を志して与田準一に師事し、雑誌『少年少女』『母の友』などに作品を投稿、同人誌『童話』にも参加。昭和50年、家庭文庫・子どもの本の家を開設し、現在に至る。『シラサギ物語』『鯉のいる村』『花咲か』『久留米がすりのうた』『少女たちの明治維新』『子どものいる風景』『原爆の火』『びんぼう神とばけもの芝居』『花のお江戸の朝顔連』など多くの作品がある。昔話の再話には、フレーベル館の「にほんむかしばなし」のシリーズ全10巻があるほか、『かさこじぞう』は小学校国語教科書2年生の教材として広く迎えられた。日本児童文学者協会新人賞、日本児童文学者協会賞、野間児童文芸賞、芸術選奨文部大臣賞等多くの受賞がある。

中川文子（なかがわ・ふみこ）

昭和32年、秋田県雄勝郡羽後町に生まれる。平成6年より羽後町民話伝承館に勤務して、昔語り名人と呼ばれた故阿部悦さんと出会い、平成8年より昔話を語り始め、1歳児から老人まで幅広い年齢層に語っている。地元の農協広報誌に「ふるさとのむかしっこ」を掲載、これをまとめた編著『むかしっこ春秋』『むかしっこ春秋　第二集』がある。猿倉人形芝居吉田榮楽一座の座員でもある。

菊池栄子（きくち・えいこ）

昭和15年、岩手県上閉伊郡綾織村に生まれる。幼い頃、祖父菊池力松から昔話を聞いて育ち、語り部として活躍する伯叔母の故鈴木サツ、正部家ミヤ、菊池ヤヨに勧められて、平成4年の世界民話博から正式に語り始める。CDに『菊池栄子の世界』がある。現在、小池ゆみ子さんのグループが昔話を録音して1冊の本にまとめている。

成田キヌヨ（なりた・きぬよ）

昭和7年、青森県中津軽郡西目屋村に生まれる。寝る時や冬に縫い物をする時、母親から昔話やなぞなぞ、村の年中行事を聞いて育った。子供や孫たちに語っていたところ、昔話研究者の佐々木達司さんに出会い、昔話が『青森県史　民俗編　資料南部』『小川原湖周辺と三本木原大地の民俗』などに掲載された。録音したレコードもある。集落がダムで水没したため、現在は十和田市に在住。

菊池玉（きくち・たま）

昭和9年、岩手県上閉伊郡松崎村に生まれる。農家の暮らしの中で、祖父や祖母から、いろいろな仕事をしながら昔話を聞いて育った。母の白幡ミヨシが綾織の伝承や昔話の語りで活躍する様子を見て、平成4年の世界民話博から、親子の語り部として活動を始める。昔話は、吉川祐子編著『昔話から〝昔っこ〟へ　白幡ミヨシ・菊池玉の語りより』に収められている。

前川敬子（まえかわ・けいこ）

岩手県花巻市に生まれる。遠野のタクシー会社の後継者と結婚するが、家業と子供4人を残して、夫が先立つ。平成16年、もくもく絵本研究所を設立して、おはなし木っこシリーズ『だれがどすた?』『キツネとシシガシラ』を商品化する。さらに平成19年、合同会社もくもく絵本研究所を設立して、代表者となる。岩手県知事賞等を受賞。現在、遠野市総合計画審議会副会長、遠野市観光協会副会長等を務める。

佐々木文子（ささき・ふみこ）
グループわらべは、昭和63年の発足以来、お手玉や竹遊び、紙芝居、絵本の読み聞かせなどを通して、ふるさとの財産である伝承遊びを伝えるボランティア活動を続け、大型紙芝居『びっきとあんこ餅』などを制作して発表している。平成14年から会長を務め、その功績が認められて、平成20年、社会福祉事業功労表彰を受けている。

虎頭恵美子（ことう・えみこ）
翻訳及びグリム童話研究者。グリム兄弟協会日本支部代表。カッセルグリム兄弟博物館の展覧会開催にも協力をしている。著書に『グリム童話』（偕成社）、『図説グリム童話』（河出書房新社）などがある。

齋藤君子（さいとう・きみこ）
ロシア民族およびシベリア少数民族の民話研究者。『シベリア民話集』（岩波文庫）、『シベリア民話への旅』（平凡社）、『悪魔には2本蝋燭を立てよ』（三弥井書店）、『モスクワを歩く　都市伝説と地名の由来』（東洋書店）など。

鈴木健之（すずき・たけし）
中国大連市に生れる。都立大学大学院修士過程修了。中国の民間文学、民俗学を専攻する。訳書に『山東民話集』（平凡社東洋文庫、飯倉照平氏と共編訳）などがある。

野村敬子（のむら・けいこ）
民話研究者。國學院大學栃木短期大學講師。農山海の嫁不足から生じた外国人花嫁に注目した『山形のおかあさんオリーブさんのフィリピン民話』他。近年は『語りの回廊』『東京・江戸語り』他、民俗社会中心の民話研究から大都市の人々の口承にも注目する。

松尾哲朗（まつお・てつろう）
国際基督教大学高等学校教諭。日本文学・宗教学を専攻し、現在『古事記』や『日本霊異記』を研究し、古代における動物や怪異の認識に興味を持っている。その一方で、口承や図承伝承の変遷の研究もすすめている。「古事記考―大国主神の超医療性」などの論文がある。

多比羅拓（たひら・たく）
八王子高等学校教諭。日本文学を専攻し、石井正己・青木俊明らと『遠野物語辞典』の編集に携わる。「鷺流狂言伝書保教本の注記に関する考察」などの論文がある。『遠野物語』、狂言の台本、落語の速記本など口承と書承に思いを馳せつつ、演劇部を通じ台詞の余白の積極性に感歎している。

編者略歴

石井正己（いしい・まさみ）

1958年、東京都生まれ。東京学芸大学教授・旅の文化研究所運営評議委員・遠野市立図書館博物館顧問·遠野物語研究所研究主幹。日本文学専攻。著書に『絵と語りから物語を読む』（大修館書店）、『図説遠野物語の世界』『図説日本の昔話』『図説源氏物語』『図説百人一首』『図説古事記』（以上、河出書房新社）、『遠野の民話と語り部』『柳田国男と遠野物語』『物語の世界へ』『民俗学と現代』（以上、三弥井書店）、『桃太郎はニートだった！』（講談社）、『遠野物語の誕生』（筑摩書房）、『『遠野物語』を読み解く』（平凡社）、編著に『雪高き閉伊の遠野の物語せよ』（遠野市立博物館）、『ねむた鳥』（私家版）、『子どもに昔話を！』『昔話を語る女性たち』（以上、三弥井書店）、『遠野奇談』（河出書房新社）、共編著に『柳田国男全集』（筑摩書房）、『全訳古語辞典　第三版』『全訳学習古語辞典』（以上、旺文社）、『近代日本への挑戦』（三弥井書店）、監修に『マンガなるほど語源物語』（国立印刷局）、『遠野物語辞典』（岩田書院）など。現在、田山花袋の業績に深い関心を持っている。

昔話と絵本

平成21年11月13日　初版発行

定価はカバーに表示してあります。

©編　者　石井正己

発行者　吉田栄治

発行所　株式会社 三弥井書店

〒108-0073 東京都港区三田3-2-39

電話 03-3452-8069

振替 0019-8-21125

ISBN978-4-8382-3186-7-C0037　製版・印刷エーヴィスシステムズ

子どもに昔話を！

石井正己編　1700円

昔話の語りに子どもの心の成長を育む力ありと考え、学校、家庭、地域サークル（おはなしの会）、文化行政等の現場で実践活動する研究者や教育者、活動家が提唱する子どもに関わる大人のための語りの入門書。

ISBN978-4-8382- 3153-9

昔話を語る女性たち

石井正己 編　1700円

『子どもに昔話を!』の続編。
生命の営みとしての役割をも担う昔話と、生命を生み出す女性との間に流れる本質的なテーマを様々な切り口で考える。

ISBN978-4-8382- 3166-9

民俗学と現代
批評の宝石たち

石井正己 著　1980円

『遠野物語』研究の第一人者である著者が、日本の民俗を今一度見つめ学ぶために、新聞、雑誌、メディアを通して「遠野」「柳田国男」「昔話」「民俗学」をテーマとして、語りかけた声の一つ一つや集成した書籍等の書評集。民衆と乖離してしまった民俗学と現代をつなぐ。

ISBN978-4-8382- 9077-5